JN105163

# 行政職 公務員試験

## 専門問題と解答 マクロ経済学編

米田 昌弘

大学教育出版

# まえがき

　著者は，私立大学の理工学部に勤務していましたが，2021 年の 3 月末日をもって無事に定年退職を迎えることができました．所属していたのは土木系学科で，在職中は，橋梁振動に関する研究に加えて，土木職公務員や建築職公務員を目指す学生のために，受験対策本も何冊か執筆していました．そのためだと思いますが，定年退職後もキャリアセンターで勤務する機会を与えられました．主な業務はキャリアアドバイザーとして，公務員を志望する学生と面談し，勉強方法や併願先のアドバイスをすることです．

　相談に来る学生の 9 割が行政職志望者で，残りの 1 割が技術職志希望者です．これは想定通りで，退職前から，行政職志望者の相談にも対応できるように，国家一般職試験（行政職）の出題科目についても情報収集をしていました．ただし，キャリアアドバイザーとして行政職を志望する学生と面談しているうちに，予備校には通っているのですが，ミクロ経済学とマクロ経済学が全く分からないので，「良いテキストがあったら教えてほしい」，「効率良く勉強する方法を教えてほしい」という声を多く聞くようになりました．そこで，数多くのテキストを購入して見比べ，その中から評判の良いテキストを紹介しましたが，一方で，私自身も受験生になった気持ちで，経済原論（ミクロ経済学とマクロ経済学）の勉強をスタートさせました．

　勉強にあたって，最初に，直面したのが，**用語の難解さ**です．日本語のはずなのに言葉の意味が全くわからないのです．たとえば，一般の人が**「無差別曲線」**と聞いて，いったい何人の人が正しい意味を理解できるでしょうか？　無差別曲線は，英語の Indifference curve を直訳したものですが，「無差別曲線」からは本来の意味が理解できないのです．著者なら，内容をしっかり理解した上で，Indifference curve（違いのない曲線）を意訳して，**「等価満足度曲線」**と名付けます．「等価満足度曲線」なら，何となく意味は分かりますよね．このように，経済学は，意味もなく，わかりにくい専門用語が多いので，**「分からなくて当たり前」と割り切れば**よいのです（難しい内容を難しく教えるのは愚の骨頂です．難しい内容を分かりやすく教えるのが本当の教育だと思うのですが……）．

　最近の公務員試験では，**人物評価が重要視**され，教養試験の代わりに SPI3 試験や SCOA 試験を課す自治体も増えています．また，大阪府庁の採用試験では，憲法，行政法，民法，ミクロ経済学，マクロ経済学など従来の専門試験科目を勉強しなくても，見識（社会事象に対する基礎的知識や，論理的思考力，企画提案力，文章作成力など）で受験できるようになっています．さらに，大阪府下やその周辺の市町村では，専門試験すら課さない自治体も増加しています．しかしながら，国家公務員や東京都などの専門試験を課す自治体を目指す学生は，従来と同じく，1 次試験では教養試験と専門試験を突破しなくてはなりません．合格するためには，1 日に 3～4 時間，合計で 1,000～1,500 時間の勉強時間が必要とされています．

　1 次試験の合否ボーダーは正答率で 55〜65%程度ですが，経済学の勉強で挫折して，公務員受験そのものを諦めてしまう学生も多いようです．公務員受験で経済原論を学ぶのは，当たり前ですが，経済学者になるためではなく，公務員試験に課された主要科目の一つとしてやむなく勉強しているに過ぎないのです．このように割り切ってしまえば，道が開けてきます．**理屈なんかよりも，公務員試験で正しい選択肢を選べれば十分と思えばよいのです**．経済原論で 100 点なんて取る必要はありません．他の得意科目で得点を稼ぐので，**苦手な経済原論だけは受験者の平均点を取れれば十分と割り切れば，気持ちも楽になるはずです**．すこしややこしい経済の計算問題も，**基本パターンを覚えてしまえばよいだけなのです**．

　著者は，橋梁振動学の研究者でしたが，経済学者ではありません．経済学は全くの素人ですが，公務員志望者に的確にアドバイスできるように，国家一般職と東京都庁特別区で出題されたマクロ経済学の問題を解いてみました．はじめは難解な経済用語と特異な言い回しに頭を悩ませましたが，問題を解いているうちに，解き方のパターンや頻出問題もわかるようになってきました．このことを学生に話したら，**勉強した過程（勉強ノート）を一冊のテキストにまとめてほしい**という依頼を受けました．年齢も 70 歳に近づき，現役も退いていたこともあり，はじめは躊躇していたのですが，公務員受験を目指す学生の一助になればとの思いから，執筆を決心した次第です．

　執筆にあたっては，「**読んで理解して覚えれば，最小の労力で，国家公務員一般職レベルで出題されるミクロ経済学の 50〜60%は正解できるテキスト**」を目指し，以下の点に留意して本書を執筆することにしました．
① 理論的な内容はできるだけ省略し，学生が短時間で要領よく理解できるように，各章のはじめに重要ポイントを記述する．
② 学生諸君が親しみを持って読み進められるように，「です」・「ます」調で文章を記述する．
③ 学生諸君が自分で勉強しても十分に理解できるように，国家公務員一般職試験と東京都特別区職員 I 類採用試験で出題された過去問題を数多く取り上げて十分な解説を行う．
④ 本番の試験でも，類題を思い出しやすいように，問題内容にもとづいて章立てを行う．

　**公務員試験に合格する秘訣は，最小の労力で最大の効果が得られるテキストを見つけ出し，そのテキストがボロボロになるまで何回も何回も繰り返し勉強することです**．公務員受験を考えている学生には，是非とも本書（マクロ経済学のテキスト）と姉妹書（ミクロ経済学のテキスト）を経済原論の公務員対策本として有効に活用していただければありがたいと願っております．夢は必ず実現します．皆さんの夢が実現することを心よりお祈りしております．

　2022 年 10 月

著　者

行政職公務員試験　専門問題と解答　［マクロ経済学編］

# 目　次

行政職公務員試験 専門問題と解答 ［マクロ経済学編］

# 第1章

# 景気循環

## ●マクロ経済学

マクロ経済学は，一国の経済活動を分析する学問で，ミクロ経済学とは対照的に，一国の経済活動のアウトプットである**国内総生産（GDP）を最大化する**ことを目的としています．

## ●景気循環

景気循環では，周期の長さにより，発見者の名前にちなんだ，

① 在庫の増加・減少に起因する約 40 ヶ月周期の「**キチンの波（短期波動）**」

② 設備投資が引き起こす約 10 年周期の「**ジュグラーの波（中期波動）**」

③ 建物の建て替えが要因となる約 20 年周期の「**クズネッツの波**（建築循環）」

④ 技術革新が要因となって景気が約 50 年周期で循環するという「**コンドラチェフの波**（長期波動，大循環）」

が知られています．

---

【**問題 1.1（景気循環の種類）**】景気循環に関する A〜D の記述について，妥当なものをすべてあげているものを解答群から選びなさい．

A. キチン循環は，産業構造の変化によってもたらされると考えられ，周期が短いことから，短期循環や小循環とも呼ばれており，J. A. シュンペーターによって注目された．

B. ジュグラー循環は，約 3 年周期の波とされ，企業の売行き予測にもとづく企業の在庫の変動がその原因として考えられることから，在庫循環とも呼ばれる．

C. クズネッツ循環は，約 20 年周期の波とされ，住宅や商工業建築の建て替えがその原因として考えられることから，建築循環とも呼ばれる．

D. コンドラチェフ循環は，約 10 年周期の波とされ，ほぼ設備投資の更新時期と一致して起こることから，設備投資循環とも呼ばれる．

1. B      2. C      3. A, C      4. A, D      5. B, D

（国家公務員一般職試験 行政職）

---

【**解答**】A＝× （**キチン循環**は，産業構造の変化ではなく，在庫の増加・減少に起因した循

環です．また，発見者もキチンです），B＝×（**ジュグラー循環**は，約 10 年の周期の循環で，企業の設備投資に起因すると考えられています．「約 3 年周期」と「在庫の変動がその原因」の記述が間違いです），C＝〇（記述の通り，**クズネッツ循環**は，約 20 年周期の波とされ，住宅や商工業建築の建て替えがその原因と考えられることから，建築循環とも呼ばれています），D＝×（**コンドラチェフ循環**は約 50 年の周期で，技術革新が要因とされています「約 10 年」と「設備投資」の記述が間違いです）．

　以上より，正しい選択肢は 2 となります．

# 第2章

## 国内総生産

●**国内総生産（GDP**：Gross Domestic Product の略語）

　国内総生産（**GDP**）は，**一国内における居住者**が一定期間内に生産した財・サービスの**付加価値**（＝総生産額－中間投入額）の合計で，GDP の大きさは一国の豊かさとして示されています．生み出された付加価値は誰かの所得になるため，GDP は労働者の賃金総額（雇用者報酬），企業の利益（営業余剰・混合所得），設備などの減価償却費（固定資本減耗）などの合計としても定義されます．それゆえ，総生産に着目すると

**国内総生産（GDP）＝雇用者報酬＋営業余剰＋固定資本減耗＋間接税－補助金**

（固定資本減耗：機械などの固定資本を使用したときの目減り部分）

（補助金はマイナスの間接税（生産・輸入品に課される税）として控除されます）

となります．

●**国民総生産（GNP**：Gross National Product の略語）

　国民総生産（**GNP**）は，**一国の国民**が一定期間に生産した財・サービスの付加価値の合計です．国内総生産（GDP）との違いは，「一国内」か「一国の国民」かということになります．なお，GNP は，国の経済規模を比較するため，かつては頻繁に利用されていましたが，わが国では 1993 年から代表的指標として国内総生産（GDP）が使われるようになったため，現在では以前ほど注目されなくなっています．

●**三面等価の原則**

　**三面等価の原則**とは，GDP を生産・支出・分配の 3 つの観点から見た時（生産面の GDP，支出面の GDP，分配面の GDP を考える時），それらは常に同じ金額になる（**GDP は「生産面＝支出面＝分配面」で等しくなる**）というものです．

●**国民総支出（GNE**：Gross National Expenditure の略語）

　国民総支出（**総需要**）GNE は，消費 $C$，投資 $I$，政府支出 $G$，純輸出（輸出 $EX$ －輸入 $IM$）の 4 つ[1]からなる構成要素に分けられ，

**国民総支出 GNE ＝ $C + I + G + (EX - IM)$**

で表されます．ここで，輸出は国内で生産されたものが外国に購入されるので，総支出（総需要）に含まれますが，輸入は外国で生産されたものへの支出（需要）で，その外国の生産活動の結果になりますので引き算となります．

なお，国民所得を $Y$ [2]とすれば，三面等価の原則から，

$$国民所得 Y = C + I + G + (EX - IM)$$

の関係式も成立します．

## ●海外からの純所得

海外からの純所得は，

**海外からの純所得＝海外からの受取所得** （海外で仕事をしている日本人が受け取った所得）

**－海外への支払所得** （日本国内で働いている外国人に支払われた所得）

で求められます．

## ●国内総支出 （GDE：Gross Domestic Expenditure の略語）

国内総支出（GDE）と国民総支出（GNE）の違いは，海外からの純所得受取の金額を含むかどうかで，

**国内総支出 GDE ＝ 国民総支出 GNE － 海外からの純所得受取**

となります．

なお，海外からの純所得受取がなければ，GDE＝GNE となりますので，

$$国内総支出 GDE = C + I + G + (EX - IM)$$

となります．

## ●固定資本減耗

**固定資本減耗**とは，機械などの固定資本を使用したときの目減り部分のことです．

## ●営業余剰

**営業余剰**は，一般企業において生産額から生産のために他企業から購入した原材料，燃料などの中間生産物の購入費用を差し引いたものです．

## ●国民純生産 （NNP：Net National Product の略語）

国民純生産 NNP は，**国民総生産 GNP** から固定資本減耗を差し引いたもので，

**国民純生産 NNP ＝ 国民総生産 GNP － 固定資本減耗**

となります．

---

1) 消費 $C$：Consumption の略語，投資 $I$：Investment の略語，政府支出 $G$：Government Expenditure の略語，輸出 $EX$：Export の略語，輸入 $IM$：Import の略語
2) GDP（国内総生産）などの国民所得は，一般的に yield（産出）の頭文字をとって，$Y$ という記号で表されます．

●**国民所得**（NI：National Income の略語）

**国民所得**とは，国民全体が得る所得の総額のことで，

$$国民所得\ \mathbf{NI} = 国民総生産\ \mathbf{GNP} - 固定資産減耗 - （間接税 - 補助金）$$

$$= 国民純生産\ \mathbf{NNP} - （間接税 - 補助金）$$

$$= 雇用者所得 + 営業余剰$$

のように表すことができます．

---

**【問題 2.1（国内総生産）】** ある経済の国民経済計算（SNA）の「国内総生産勘定（生産側および支出側）」に掲載されている項目の数値が，以下のように与えられているとします．このとき，国内総生産（GDP）の数値を解答群から選びなさい．ただし，「統計上の不突合（不整合）」はゼロであるとします．

政府最終消費支出　120

在庫品増加　–5

雇用者報酬　298

固定資本減耗　122

総固定資本形成　129

民間最終消費支出　356

財・サービスの輸入　115

補助金　4

生産・輸入品に課される税　50

財・サービスの輸出　96

営業余剰・混合所得　115

　　　　1.　457　　　　2.　476　　　　3.　535　　　　4.　581　　　　5.　586

（国家公務員一般職試験　行政職）

---

**【解答】** 国内総生産（**GDP**）は，一定期間内に国内で生み出された物やサービスの**付加価値の合計**のことです．生み出された付加価値はだれかの所得になることから，GDP は労働者の賃金総額（雇用者報酬），企業の利益（営業余剰・混合所得），設備などの減価償却費（固定資本減耗）などの合計としても定義されます．それゆえ，**総生産に着目**すると，

国内総生産（GDP）＝雇用者報酬＋営業余剰＋固定資本減耗＋間接税－補助金

$$\therefore \mathrm{GDP} = 298 + 115 + 122 + 50 - 4 = 581$$

（固定資本減耗：機械などの固定資本を使用したときの目減り部分）

（補助金はマイナスの間接税（生産・輸入品に課される税）として控除される）

となります.

　一方，海外からの純所得受取に関する記載はありませんので，国民総支出 GNE＝国内総支出 GDE で，消費 $C$，投資 $I$，政府支出 $G$，純輸出（輸出 $EX$ －輸入 $IM$）を考慮すれば，

$$GDE = C + I + G + (EX - IM)$$

のように表すことができます．それゆえ，**総支出の式**から出すと，

国内総支出（GDE）＝民間最終消費支出＋国内総固定資本形成＋在庫品増加
＋政府最終消費支出＋(財サービスの輸出－財サービスの輸入)

$$\therefore GDE = 356 + 129 + (-5) + 120 + (96 - 115) = 581$$

となり，どちらで計算しても，581 となります（GDP＝GDE）．

　したがって，正しい選択肢は 4 となります.

# 第3章

# 産業連関表

●**産業連関表**（Input Output Table）

　ある財を生産するためには，原材料や燃料，労働力等の生産要素が使用されます（このことを**投入**といいます）．一方，その生産された財は他の産業の原材料や家計の消費物，輸出物等に利用されます（このことを**産出**といいます）．

　**産業連関表**とは，一定の地域のなかで一定期間（たとえば，1年間）に生産された財貨・サービスの投入と産出の関係を碁盤のます目のような表形式で示したもので，**I−O表**とも呼ばれています．ちなみに，**産業連関表**では，縦の合計と横の合計が等しくなります．

●**投入係数**

　**投入係数**は，産業連関表から計算します．具体的には、各産業の投入額をそれぞれの産業の総投入額（総算出額）で割ったもので，「ある産業が生産物 1 単位の生産をするために必要な各部門からの原材料などの投入割合」を表しています．

【問題 3.1（産業連関表）】表（問題 3-1）は，ある国の，2 つの産業部門からなる産業連関表を示したものですが，この表に関する以下の記述において，文中の空所 A，B に該当する数字の組合せとして，妥当なものを解答群から選びなさい．ただし，投入係数は，全て固定的であると仮定します．

表（問題 3-1）

| 投入 ＼ 産出 | | 中　間　需　要 | | 最　終　需　要 | | 総産出額 |
|---|---|---|---|---|---|---|
| | | 産業 Ⅰ | 産業 Ⅱ | 国内需要 | 純輸出 | |
| 中間投入 | 産業 Ⅰ | 50 | 50 | ア | 10 | イ |
| | 産業 Ⅱ | 25 | 100 | 40 | 35 | 200 |
| 付加価値 | | 75 | 50 | | | |
| 総投入額 | | 150 | ウ | | | |

　この国の，現在の産業 Ⅰ の国内需要「ア」は　A　である．

　今後，産業 Ⅰ の国内需要「ア」が 70％増加した場合，産業 Ⅱ の総投入額「ウ」は　B　％増加することになる．

|   | A | B |
|---|---|---|
| 1. | 40 | 6 |
| 2. | 40 | 8 |
| 3. | 40 | 24 |
| 4. | 80 | 46 |
| 5. | 80 | 68 |

（東京都特別区職員 Ⅰ 類採用試験）

【解答】産業連関表では，縦の合計と横の合計が等しくなります．それゆえ，産業 Ⅰ の縦の合計額（総投入額）である 150 と横の合計額であるイ（総算出額）は等しくなります．よって，

$$50+50+ア+10=イ(=縦の総投入額 150)　\quad ∴ア=40$$

となります．

　また，産業 Ⅱ も，縦の合計額（総投入額）であるウと横の合計額である 200（総算出額）は等しくなりますので，ウは 200 であることがわかります．

　産業 Ⅰ の国内需要「ア」が 70％増加した場合，増加分は +28 となります．その結果，総算出額が $+x$ だけ増加したとします．当然，総投入額も $+x$ だけ増加し，**投入係数**を考慮すれば，解表（問題 3-1）に示したように産業 Ⅰ は $+\frac{1}{3}x$，産業 Ⅱ は $+\frac{1}{6}x$ だけ増加します．ここに，

解表（問題 3-1）

| 投入 ＼ 産出 | | 中　間　需　要 | | 最　終　需　要 | | 総産出額 |
|---|---|---|---|---|---|---|
| | | 産業 I | 産業 II | 国内需要 | 純輸出 | |
| 中間投入 | 産業 I | $+\dfrac{1}{3}x$ | $+\dfrac{1}{4}y$ | +28 | | $+x$ |
| | 産業 II | $+\dfrac{1}{6}x$ | $+\dfrac{1}{2}y$ | | | $+y$ |
| 付加価値 | | | | | | |
| 総投入額 | | $+x$ | $+y$ | | | |

$\dfrac{1}{3}(=50/150)$ と $\dfrac{1}{6}(=25/150)$ は投入係数です.

　産業 II が $+\dfrac{1}{6}x$ だけ増加しますので，総産出量も $+y$ だけ増加したとします．その結果，総投入額も $+y$ だけ増加し，投入係数を考慮すれば，解表（問題 3-1）に示したように産業 I は $+\dfrac{1}{4}y$，産業 II は $+\dfrac{1}{2}y$ だけ増加します．ここに $\dfrac{1}{4}(=50/200)$ と $\dfrac{1}{2}(=100/200)$ は**投入係数**です.

　そこで，増加分を考慮すれば，

$$\frac{1}{3}x+\frac{1}{4}y+28=x$$

$$\frac{1}{6}x+\frac{1}{2}y=y$$

の式が成り立ち，この 2 つの式から，

$$x=48 , \quad y=16$$

が得られます.

　産業 II の総投入額「ウ」は 200 ですので，増加は $\dfrac{16}{200}=0.08$ （=8%）となります．したがって，正しい選択肢は 2 となります.

# 第4章

# 物価指数

### ●ラスパイレス方式

古い年の数量を基準にして物価を計算する方法が**ラスパイレス方式**（ラスパイレス指数）です.

### ●パーシェ方式

新しい年の数量を基準にして物価を計算する方法が**パーシェ方式**（パーシェ指数）です.

---

【問題 4.1（物価指数）】2019 年, 2020 年のそれぞれにおける, 財 A と財 B の価格と販売量は, 次の表（問題 4-1）のとおりでした.

2019 年を基準年（基準年の物価指数＝100）として 2020 年の物価指数を, ①ラスパイレス方式, ②パーシェ方式でそれぞれ求めた値の組合せとして妥当なものを解答群から選びなさい.

表（問題 4-1）

| 価格 | 2019 年 | 2020 年 |
|---|---|---|
| 財 A | 20 | 10 |
| 財 B | 10 | 20 |

| 販売量 | 2019 年 | 2020 年 |
|---|---|---|
| 財 A | 20 | 10 |
| 財 B | 10 | 20 |

|  | ① | ② |
|---|---|---|
| 1. | 80 | 100 |
| 2. | 80 | 125 |
| 3. | 100 | 80 |
| 4. | 100 | 100 |
| 5. | 125 | 80 |

（国家公務員一般職試験 行政職）

---

【解答】まず, 古い年の数量（販売量）を基準にして物価を計算する**ラスパイレス方式**（ラスパイレス指数）で, 財 A と財 B の物価指数を計算します.

2019 年：

　　20(2019年の価格)×20(2019年の販売量)＋10(2019年の価格)×10(2019年の販売量)＝500

2020 年：

　　10(2020年の価格)×20(2019年の販売量)＋20(2020年の価格)×10(2019年の販売量)＝400

　2019 年の 500 を基準にしますので，

　　　　2019 年＝100，　2020 年＝400/500×1006＝80（ラスパイレス方式の答え）

となります．

　次に，新しい年の数量（販売量）を基準にして物価を計算する**パーシェ方式（パーシェ指数）**で，財 A と財 B の物価指数を計算します．

2019 年：

　　20(2019年の価格)×10(2020年の販売量)＋10(2019年の価格)×20(2020年の販売量)＝400

2020 年：

　　10(2020年の価格)×10(2020年の販売量)＋20(2020年の価格)×20(2020年の販売量)＝500

　2019 年の 400 を基準にしますので，

　　　　2019 年＝100，　2020 年＝500/400×100＝125（パーシェ方式の答え）

となります．

　したがって，正しい選択肢は 2 となります．

# 第 5 章

# 貨幣乗数

●ハイパワード・マネー*H*

ハイパワード・マネー*H* とは，現金通貨*C*（市中に出回っている現金）と支払準備金*R*（民間銀行が日銀に預けている預金）[1]の合計で，

$$H（ハイパワード・マネー）= C（現金通貨）+ R（支払い準備金）$$

と表されます．ハイパワード・マネー*H*は**マネタリーベース**とも呼ばれ，中央銀行（日銀）がコントロールできる貨幣になります．

●マネーサプライ*M*（貨幣供給量）

マネーサプライ*M* とは，市中銀行（民間銀行）から企業に流れるお金の量で，

$$M（マネーサプライ）= C（現金通貨）+ D（預金通貨）[2]$$

と表されます．マネーサプライは，**マネーストック**とも呼ばれています．

●法定準備率（支払準備率）

**法定準備率（支払準備率）**とは，預金*D* に対する法定準備預金*R*（民間銀行が日銀に預けている預金）の割合のことで，

$$法定準備率（支払準備率）= \frac{R}{D}$$

で表されます．

●貨幣乗数

**貨幣乗数**（**信用乗数**または**通貨乗数**）は，ハイパワード・マネー*H*の何倍の貨幣がマネーサプライ*M*として供給されているかを表す数値のことで，

$$貨幣乗数（通貨乗数）= \frac{M}{H} = \frac{C+D}{C+R}$$

で表されます．

●信用創造

**信用創造**とは，銀行が預金を顧客に貸し付け，その一部が再び銀行に預金されるという繰

---

1) 支払準備金の英語は Reserve Fund for Payment です.

2) 預金通貨の英語は Deposit Money です.

り返しにより，もとの預金の何倍かの預金通貨が生じることです.

---

【問題 5.1（信用創造乗数）】新規の預金 100 万円が，ある市中銀行に預けられたとき，この預金をもとに市中銀行全体で預金準備率を $X$ として信用創造が行われ，900 万円の預金額が創造された場合，信用創造乗数として，正しい値を選択肢から選びなさい. ただし，すべての市中銀行は過剰な準備金をもたず，常にこの準備率が認めるところまでの貸出しを行うものとします.

1.　0.1　　　2.　0.9　　　3.　1　　　4.　10　　　5.　11

（東京都特別区職員 I 類採用試験）

---

【解答】信用乗数（**貨幣乗数**または**通貨乗数**）は，ハイパワード・マネー $H$（= 現金通貨 $C$ + 支払準備金 $R$）の何倍の貨幣がマネーサプライ $M$ として供給されているかを表す数値のことで，

$$信用乗数（貨幣乗数）= \frac{M}{H} = \frac{C+D}{C+R} \quad \therefore M = 信用乗数 \times H$$

で表されます.

　問題文より，マネーサプライ $M$（= 現金通貨 $C$ + 預金通貨 $D$）は，

$$M = 100 + 900 = 1{,}000$$

で，ハイパワード・マネー $H$ は $H = 100$ なので，

$$信用乗数 = \frac{M}{H} = \frac{1{,}000}{100} = 10$$

　したがって，正しい選択肢は 4 になります.

【問題 5.2（貨幣乗数）（ハイパワード・マネー）】現金通貨を $C$，預金通貨を $D$ としたとき，現金預金比率 $C/D$ が 0.2，法定準備率が 0.3 で，いずれも常に一定であるとします．また，銀行の支払準備と法定準備は一致しており，銀行の手元保有現金がゼロであるとするとき，次の記述について，妥当なものを解答群から選びなさい．

1. 通貨乗数（貨幣乗数）は 3 となる．
2. ハイパワード・マネーを 10 兆円増やしたとき，預金通貨は 20 兆円増える．
3. ハイパワード・マネーを 10 兆円増やしたとき，現金通貨は 8 兆円増える．
4. ハイパワード・マネーを 10 兆円増やしたとき，マネーストックは 40 兆円増える．
5. ハイパワード・マネーが 200 兆円のときのマネーストックは，640 兆円である．

（国家公務員一般職試験 行政職）

【解答】マネーサプライ $M$（貨幣供給量）は，

$$M（マネーサプライ）= C（現金通貨）+ D（預金通貨）$$

と表すことができます．また，**ハイパワードマネー $H$** は，

$$H（ハイパワード・マネー）= C（現金通貨）+ R（支払い準備金）$$

となります．一方，**法定準備率**とは，預金に対する法定準備預金の割合のことですので，

$$法定準備金 = \frac{R}{D} = 0.3$$

と表すことができます．

選択肢 1：×

　**通貨乗数（貨幣乗数）**とは，ハイパワード・マネー $H$ の何倍の貨幣がマネーサプライ $M$ として供給されているかを表す数値のことですので，

$$通貨乗数（貨幣乗数）= \frac{M}{H} = \frac{C+D}{C+R} = \frac{C/D+1}{C/D+R/D} = \frac{0.2+1}{0.2+0.3} = 2.4$$

となり，3 ではありません．よって，この記述は誤となります．

選択肢 2：○

　選択肢 1 で求めたように，**通貨乗数（貨幣乗数）**は 2.4 ですので，ハイパワード・マネー $H$ を 10 兆円増やしたときは，マネーサプライ $M$ は 24 兆円増えます．一方，現金預金比率 $C/D$ は 0.2 ですので，マネーサプライ $M$ が 24 兆円増えた場合（$M=C+D=24$），$C/D=0.2$ なので現金通貨 $C$ は $C=4$，預金通貨 $D$ は $D=20$ となり，預金通貨は 20 兆円増えることになります．よって，この記述は正となります．

選択肢 3 ：×

　ハイパワード・マネー $H$ を 10 兆円増やしたとき，選択肢 2 で示したように増える現金は 4 兆円で，8 兆円ではありません．よって，この記述は誤となります．

選択肢 4 ：×

　ハイパワード・マネー *H* を 10 兆円増やしたとき，マネーサプライ *M*（マネーストック）は，選択肢 2 で示したように，24 兆円増えます．40 兆円ではありませんので，この記述は誤となります．

選択肢 5 ：×

　ハイパワード・マネー *H* が 200 兆円のときのマネーサプライ *M*（マネーストック）は，

$$M = 2.4 \times 200 = 480 \text{兆円}$$

です．640 兆円ではありませんので，この記述は誤となります．

　したがって，正しい選択肢は 2 となります．

---

**【問題 5.3（信用乗数）（マネーストック）】** 市中銀行が，その預金残高に対して 10% を預金準備として保有し，残りをすべて家計への貸出しに回すものとします．また，家計の現金預金比率が 50%，ハイパワード・マネーが 480 兆円とします．いま，ハイパワード・マネーが一定（480 兆円）のもとで，現金預金比率が 80% に増加したとします．

　このとき，マネーストックの減少額を解答群から選びなさい．ただし，市中銀行が，その預金残高に対して 10% を預金準備として保有し，残りをすべて家計への貸出しに回すことは変わらないものとします．

　　1.　60 兆円　　　2.　120 兆円　　　3.　180 兆円　　　4.　240 兆円　　　5.　360 兆円

（国家公務員一般職試験　行政職）

---

**【解答】** マネーサプライ *M*（貨幣供給量）は，

$$M（\text{マネーサプライ}）= C（\text{現金通貨}）+ D（\text{預金通貨}）$$

と表され，*C/D* が **現金預金比率** になります．また，ハイパワード・マネー *H* は，

$$H（\text{ハイパワード・マネー}）= C（\text{現金通貨}）+ R（\text{支払い準備金}）$$

と表されます．さらに，**法定準備率**（預金に対する法定準備預金の割合）は，

$$\text{法定準備金} = \frac{R}{D}$$

となります．

　まず，現金預金比率 *C/D* = 0.5 の場合について考えます．

$$M = C + D$$

の両辺を *D* で割れば，

$$\frac{M}{D} = \frac{C}{D} + 1 = 0.5 + 1 = 1.5 \qquad (\because C/D = 0.5) \tag{1}$$

一方,

$$H = C + R$$

の両辺を $D$ で割れば,

$$\frac{H}{D} = \frac{C}{D} + \frac{R}{D} = 0.5 + 0.1 = 0.6 \qquad (\because C/D = 0.5, \quad R/D = 0.1)$$

また, $H = 480$ を代入すれば,

$$\frac{480}{D} = 0.6 \quad \therefore D = \frac{480}{0.6} = 800 \tag{2}$$

式(1)と式(2)から,

$$M = 1.5D = 1.5 \times 800 = 1,200$$

となります.

　次に, 現金預金比率 $C/D = 0.8$ の場合について考えれば,

$$\frac{M}{D} = \frac{C}{D} + 1 = 0.8 + 1 = 1.8 \qquad (\because C/D = 0.8) \tag{3}$$

一方,

$$\frac{H}{D} = \frac{C}{D} + \frac{R}{D} = 0.8 + 0.1 = 0.9 \qquad (\because C/D = 0.8, \quad R/D = 0.1)$$

また, $H = 480$ を代入すれば,

$$\frac{480}{D} = 0.9 \quad \therefore D = \frac{480}{0.9} = 480 \times \frac{10}{9} \tag{4}$$

式(3)と式(4)から,

$$M = 1.8D = 1.8 \times 480 \times \frac{10}{9} = \frac{18}{10} \times 480 \times \frac{10}{9} = 480 \times 2 = 960$$

となります.

　したがって, 減少分は,

$$1200 - 960 = 240$$

となり, 正しい選択肢は4となります.

# 第 6 章

---

# 乗数理論

●政府支出乗数

「最初の消費や投資に対して，何倍の経済効果が出るのか」を示したのが**乗数効果**です．**政府支出乗数**とは，政府支出 $G$ の変化が国民所得 $Y$ に与える影響のことで，

$$政府支出乗数 = \frac{\Delta Y}{\Delta G}$$

（$\Delta$ は変分を表す記号でデルタと読みます）

で表されます．

●限界税率（Marginal Tax Rate）

　**限界税率**とは，所得の課税対象額（課税標準）がある水準から増大したとき，その増大分に適用される税率のことです．課税標準の増分を $\Delta X$，税額の増分を $\Delta T$ とすれば，限界税率 $t$ は

$$限界税率 t = \frac{\Delta T}{\Delta X}$$

で表されます．

---

【問題 6.1（政府支出乗数）】ある国のマクロ経済が，以下の式で示されているとします．

$$Y = C + I + G$$
$$C = 100 + 0.8(Y - T)$$
$$I = I_0$$
$$T = T_0 + tY$$

ここに，$Y$：国民所得，$C$：消費，$I$：投資，$G$：政府支出，$T$：税収，$t$：限界税率
　　$I_0$，$T_0$：正の定数

このとき，

(1) 税収が所得に依存し，$t = 0.25$ である場合

(2) 税収が所得に依存しない場合（$t = 0$）

のそれぞれにおける政府支出乗数の組合せとして，妥当なものを解答群から選びなさい．

|    | (1)  | (2)  |
|----|------|------|
| 1. | 0.8  | 1.25 |
| 2. | 0.8  | 2.5  |
| 3. | 1.25 | 5    |
| 4. | 2.5  | 2.5  |
| 5. | 2.5  | 5    |

（国家公務員一般職試験　行政職）

---

【解答】**政府支出乗数**は，政府支出 $G$ の変化が国民所得 $Y$ に与える影響のことで，$\Delta Y / \Delta G$ で表されます．このことを理解した上で，$Y = C + I + G$ の右辺に消費 $C$，投資 $I$，税収 $T$ を代入して整理すれば，

$$Y = C + I + G = 100 + 0.8\{Y - (T_0 + tY)\} + I_0 + G \tag{1}$$

(1) 税収が所得に依存し，$t = 0.25$ である場合

式(1)に $t = 0.25$ を代入して整理すれば，

$$0.4Y = 100 - 0.8T_0 + I_0 + G = 定数 + G$$

両辺に 2.5 を乗ずれば，

$$Y = 2.5 \times 定数 + 2.5G = 定数 + 2.5G$$

両辺を $G$ で微分すれば，

$$\frac{dY}{dG} = 2.5$$

上式は $\dfrac{\Delta Y}{\Delta G} = 2.5$ と同じ意味なので，**政府支出乗数**は 2.5 となります．

(2) 税収が所得に依存しない場合（$t = 0$）

式(1)に $t = 0$ を代入して整理すれば，

$$0.2Y = 100 - 0.8T_0 + I_0 + G = 定数 + G$$

両辺に 5 を乗ずれば,

$$Y = 5 \times 定数 + 5G = 定数 + 5G$$

両辺を $G$ で微分すれば,

$$\frac{dY}{dG} = 5$$

上式は $\dfrac{\Delta Y}{\Delta G} = 5.0$ と同じ意味なので, **政府支出乗数**は 5.0 となります.

　したがって, 正しい選択肢は 5 となります.

# 第7章

---

# 財政収支均衡

## ●財政収支

歳入と歳出の差のことを**財政収支**といいます.

## ● *IS* バランス・アプローチ

***IS* バランス・アプローチ**とは,三面等価の原則から経常収支を捉えようとする考え方です. ここで, *I* は投資(Investment),*S* は貯蓄(Savings)を表しており,マクロ経済学の *IS* バランス (総貯蓄は総投資に等しい)という考え方を使って,経常収支を捉えようとする考え方 です.

## ●限界税率

**限界税率**とは,課税標準が 1 単位増加したときに適用される税率のことで,課税標準の増 分を $\Delta X$,税額の増分を $\Delta T$ とすれば,限界税率 $t$ は,$t = \Delta T / \Delta X$ と表されます.

---

**【問題 7.1(限界税率)(政府の財政収支)】**ある国のマクロ経済が,次のように示されて います.

$$Y = C + I + G$$
$$C = 20 + 0.8(Y - T)$$
$$I = 70$$
$$G = 150$$
$$T = tY$$

ここで,*Y* は国民所得,*C* は消費,*I* は投資,*G* は政府支出,*T* は租税,*t* は限界税率で す.

いま,政府が完全雇用を達成するように限界税率 *t* を定めた場合,政府の財政収支に関 する次の記述のうち,妥当なものを選びなさい. なお,完全雇用国民所得は 600 とします.

1. 均衡する.　　　　2. 25 の黒字となる.　　　　3. 30 の黒字となる.
4. 25 の赤字となる.　　5. 30 の赤字となる.

(国家公務員一般職試験 行政職)

**【解答】**国民所得に関する式は，

$$Y = C + I + G = 20 + 0.8(Y - tY) + 70 + 150$$

$$\therefore Y = 240 + 0.8(Y - tY)$$

完全雇用国民所得は 600 ですので，

$$600 = 240 + 0.8(600 - 600t) \quad \therefore t = \frac{120}{480} = 0.25$$

**政府の財政収支**は

$$T - G = tY - G = 0.25 \times 600 - 150 = 0$$

となります．

　したがって，正しい選択肢は 1 となります．

---

**【問題 7.2（経常収支）（財政収支）】**ある国のマクロ経済が，次のように示されるとします．

$$Y = C + I + G + X - M$$
$$C = 40 + 0.8Y - T$$
$$I = 50$$
$$G = 150$$
$$X = 60$$
$$M = 0.1Y$$

$Y$：国民所得，$C$：消費，$I$：投資，$G$：政府支出

$X$：輸出，$M$：輸入，$T$：税

　なお，投資，政府支出，輸出の大きさは一定であるとします．また，$T = tC$（$t$ は定数で $0 < t < 1$）という関係が成立しているものとします．

　いま，政府が経常収支（輸出－輸入）を均衡させるように $t$ を決定した場合，財政収支（税－政府支出）に関する次の記述のうち，妥当なものを解答群から選びなさい．

1. 均衡する．　　　2. 15 の黒字になる．　　　3. 30 の黒字になる．
4. 15 の赤字になる．　5. 30 の赤字になる．

（国家公務員一般職試験 行政職）

**【解答】**経常収支（輸出－輸入）を均衡させますので，

$$輸出 － 輸入 = 0 \quad \therefore 輸出 = 輸入$$

それゆえ，

$$輸出 X = 60 = 輸入 M$$
$$60 = 0.1Y \quad \therefore Y = 600$$

国民所得 $Y$ に関する式は,

$$Y = C + I + G + X - M = 40 + 0.8Y - T + I + G + X - M = 40 + 0.8Y - T + 50 + 150 + 60 - 0.1Y$$

$$\therefore 0.3Y = 300 - T$$

$Y = 600$ を代入すれば,

$$0.3 \times 600 = 300 - T \quad \therefore T = 120$$

財政収支（税 $T$ – 政府支出 $G$）は,

$$T - G = 120 - 150 = -30$$

であり，30 の赤字になります.

したがって，正しい選択肢は 5 となります.

---

【問題 7.3（$IS$ バランス・アプローチ）】ある国の経済が

$$Y = C + I + G + X - M$$

$$Y = C + S + T$$

$Y$：国民所得，$C$：民間消費，$I$：民間投資，$G$：政府支出，$X$：輸出，$M$：輸入

$S$：民間貯蓄，$T$：租税

で示されるとき，$IS$ バランス・アプローチにおける，この国の民間部門の貯蓄超過，経常収支の黒字および政府部門の黒字に関する記述として，妥当なものを解答群から選びなさい.

1. 経常収支が黒字で，民間部門において投資が貯蓄を上回るならば，政府部門は赤字である.

2. 政府部門が黒字で，民間部門において貯蓄が投資を上回るならば，経常収支は赤字である.

3. 民間部門において貯蓄と投資が等しく，政府部門が赤字ならば，経常収支は黒字である.

4. 政府部門の収支が均衡し，民間部門において投資が貯蓄を上回るならば，経常収支は黒字である.

5. 経常収支が均衡し，民間部門において貯蓄が投資を上回るならば，政府部門は赤字である.

（東京都特別区職員 I 類採用試験）

---

【解答】与えられた 2 つの式から,

$$C + I + G + X - M = C + S + T$$

$$\therefore (I - S) + (G - T) + (X - M) = 0 \tag{1}$$

の関係が成立します. ここで，$IS$ バランス・アプローチを適用し，それぞれの選択肢について正誤を考えます.

選択肢 1：×

　「経常収支が黒字」なので $X-M>0$

　「民間部門において投資が貯蓄を上回る」ので $I-S>0$

　式(1)の右辺が 0 となるためには，

$$G-T<0 \quad \rightarrow \quad G<T$$

　租税 $T$ が政府支出 $G$ よりも大きいので，政府部門は赤字ではなく黒字になります．

選択肢 2：×

　「政府部門が黒字」なので $G-T<0$

　「民間部門において貯蓄が投資を上回る」ので $I-S<0$

　式(1)の右辺が 0 となるためには，

$$X-M>0 \quad \rightarrow \quad M<X$$

　輸出 $X$ が輸入 $M$ よりも大きいので，経常収支は赤字ではなく黒字になります．

選択肢 3：×

　「貯蓄と投資が等しい」ので $I-S=0$

　「政府部門が赤字」なので $G-T>0$

　式(1)の右辺が 0 となるためには，

$$X-M<0 \quad \rightarrow \quad X<M$$

　輸出 $X$ よりも輸入 $M$ が大きいので，経常収支は黒字ではなく赤字になります．

選択肢 4：×

　「民間部門において投資が貯蓄を上回る」ので $I-S>0$

　「政府部門の収支が均衡している」ので $G-T=0$

　式(1)の右辺が 0 となるためには，

$$X-M<0 \quad \rightarrow \quad X<M$$

　輸出 $X$ よりも輸入 $M$ が大きいので，経常収支は黒字ではなく赤字になります．

選択肢 5：○

　「経常収支が均衡している」ので $X-M=0$

　「民間部門において貯蓄が投資を上回る」ので $I-S<0$

　式(1)の右辺が 0 となるためには，

$$G-T>0 \quad \rightarrow \quad G>T$$

　政府支出 $G$ が租税 $T$ よりも大きいので，政府部門は赤字になります．

したがって，正しい選択肢は 5 となります．

# 第8章

# 消費関数

## ●ケインズ型消費関数

**ケインズ型消費関数**は，国民所得 $Y$ が増えると個人消費 $C$ も増えることを表したもので，

$$C = C_0 + cY$$

のように表示できます．ここに，$C_0$ は**基礎消費**で，もし所得がなくなっても生きていくために必要な消費（最低限の生活をするための消費）のことで，たとえば，食費や家賃などがこれに該当します．また，$c$（$0 < c < 1$）は**限界消費性向**です．

　参考までに，限界消費性向の「限界」とは，ある値が少し変わったときに，他のものがどれくらい変わるかを割合で表したもので，**限界消費性向とは所得が1単位増えたときに消費がどれくらい増えるかを割合で表したもの**になります（経済学の"限界"とは，"ほんの少し増やした時に，一単位あたりどれくらい影響を及ぼしたか"を示しています）．それゆえ，所得が10万円増えたときに7万円消費し，3万円貯金したとすれば，限界消費性向は $7/10 = 0.7$ となります．

## ●クズネッツ型消費関数

**クズネッツ型消費関数**は，

$$C = 0.9Y$$

で表され，長期な視点ではあてはまるとされています．それゆえ，**クズネッツ型長期消費関数**と呼ばれています．これに対し，ケインズ型は**ケインズ型短期消費関数**と呼ばれています．

## ●恒常所得仮説

**恒常所得仮説**とは，固定給与など，現在から将来にわたって確実に得られる見込みのある**恒常所得**によって，消費活動が左右されるという説であり，米国の経済学者フリードマンによって1950年代に提唱されました．

## ●可処分所得

**可処分所得**とは，労働の対価として得た給与やボーナスなどの個人所得から，支払い義務のある税金や社会保険料などを差し引いた，残りの手取り収入のことです．**個人が自由に使用できる所得の総額**で，個人の購買力を測る際には，一つの目安とされています．

●**平均消費性向**

**平均消費性向**[1]とは，国民所得 $Y$ に占める消費 $C$ の割合のことで，消費 $C$ を国民所得 $Y$ で除した値（傾き），すなわち，

$$平均消費性向 = \frac{C}{Y}$$

で求めることができます．ちなみに，平均消費性向を図示すると図 8-1 のようになります．

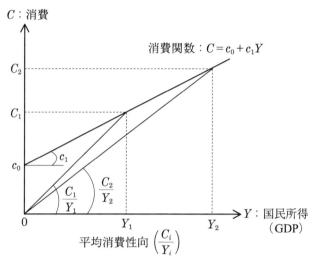

図 8-1　平均消費性向

●**異時点間の最適消費理論**

たとえば，若い時と老後のように 2 つの時期に分けて，一生を通じて効用の最大化について分析を行うのが．**異時点間の最適消費理論**です．

---

1) 性向は，「性質の傾向」という意味で使われています．

【問題 8.1 （ケインズ型消費関数）】次のケインズ型消費関数について考えます．

$$C = c_0(Y - T) + c_1$$

ここで，$C$ は消費支出，$Y$ は総所得，$T$ は租税(一定)，$c_0$，$c_1$ は正の定数，$0 < c_0 < 1$ です．このケインズ型消費関数に関する次の記述のア～オに入るものの組合せとして妥当なものを解答群から選びなさい．

　家計の消費支出は，総所得から租税を差し引いた ア と，所得水準に関係なく消費される基礎的消費 $c_1$ とにもとづいて決定される． ア が 1 単位増加した際の消費の増加分 $c_0$ を イ といい，縦軸に消費支出，横軸に ア をとった平面上に，線形の消費関数を描いた際の ウ に相当する．また，ア に対する消費支出の割合を エ といい，上記の平面上においては原点と消費関数上の点を結ぶ直線の傾きに相当し，ア が大きくなるほど エ は オ ．

|  | ア | イ | ウ | エ | オ |
|---|---|---|---|---|---|
| 1. | 可処分所得 | 限界消費性向 | 傾き | 平均消費性向 | 小さくなる |
| 2. | 可処分所得 | 限界消費性向 | 傾き | 平均消費性向 | 大きくなる |
| 3. | 可処分所得 | 平均消費性向 | 切片 | 限界消費性向 | 大きくなる |
| 4. | 恒常所得 | 限界消費性向 | 切片 | 平均消費性向 | 小さくなる |
| 5. | 恒常所得 | 平均消費性向 | 傾き | 限界消費性向 | 大きくなる |

(国家公務員一般職試験 行政職)

【解答】イは「**限界消費性向**（所得が 1 単位増えたときに消費がどれくらい増えるかを割合で表したもの)」であることはわかると思います．それゆえ，正解は 1，2，4 のいずれかです．また，アの「総所得－租税」は「**可処分所得**」ですので，正解はさらに絞られて 1 と 2 のいずれかになります．さらに，ウは「**傾き**」，エは「**平均消費性向**」とわかります．一方，図 8-1 を参照すれば，オは「**小さくなる**」ことがわかります．

　したがって，正しい選択肢は 1 となります．

【問題 8.2（異時点間消費）】第 1 期と第 2 期の 2 期間のみ生存する家計を考えます．この家計は第 1 期，第 2 期それぞれにおいて $Y_1$, $Y_2$ の所得を得るとともに，$C_1$, $C_2$ の消費を行い，また，第 1 期と第 2 期の消費が等しくなるように行動するとします．利子率を $r$，貯蓄を $S$ とすると，この家計の第 1 期と第 2 期の予算制約式は，それぞれ以下のように示されます．

$$C_1 = Y_1 - S$$
$$C_2 = Y_2 + (1+r)S$$

ここで，利子率 $r$ は 0.2 であるとします．

いま，この家計が第 1 期の消費を行う際に，第 2 期の所得 $Y_2$ だけが当初の予想よりも 110 だけ増加すると考えました．この場合における家計の第 1 期の消費 $C_1$ の増加分を解答群から選びなさい．なお，借入制約は存在しないものとします．

　　1.　40　　　　2.　45　　　　3.　50　　　　4.　55　　　　5.　60

（国家公務員一般職試験　行政職）

【解答】第 1 期と第 2 期の消費が等しく，利子率 $r$ は 0.2 なので，

$$Y_1 - S = Y_2 + (1+0.2)S \quad \therefore S = \frac{Y_1 - Y_2}{2.2} \tag{1}$$

求めるのは消費 $C_1$ の増加分 $\Delta C_1$ であることを念頭に置きながら，式(1)を

$$C_1 = Y_1 - S$$

に代入すれば，

$$C_1 = Y_1 - S = Y_1 - \frac{Y_1 - Y_2}{2.2} = \frac{1.2Y_1 - Y_2}{2.2} \tag{2}$$

式(2)の変分を考えれば，

$$\Delta C_1 = \frac{1.2\Delta Y_1 - \Delta Y_2}{2.2} = \frac{1.2 \times 0 - 110}{2.2} = 50$$

となります．

したがって，正しい選択肢は 3 となります．

【別解】この問題は具体的な数値を仮定しても解くことができます．たとえば，第 1 期の所得を $Y_1 = 1{,}000$，貯蓄を $S = 100$ と仮定すれば，

$$C_1 = Y_1 - S = 1{,}000 - 100 = 900$$

となります．第 1 期と第 2 期の消費が等しくなるように行動することから，$C_1 = C_2$ ですので，

$$900 = Y_2 + (1+0.2) \times 100 \quad \therefore Y_2 = 780$$

第 2 期の所得 $Y_2$ だけが当初の予想よりも 110 だけ増加すれば，

$$Y_2 = 780 + 110 = 890$$

$C_1 = C_2$ ですが，貯蓄 $S$ が変化します（$Y_1 = 1,000$ が同じで，$C_1$ が変化するためには貯蓄 $S$ が変わらないといけない）ので，

$$1,000 - S = 890 + (1 + 0.2)S \quad \therefore S = 50$$

それゆえ，

$$C_1 = Y_1 - S = 1,000 - 50 = 950$$

となり，当初の 900 から

$$950 - 900 = 50$$

だけ，増えたことになります．

# 第9章

# ライフサイクル仮説

●ライフサイクル仮説

　ライフサイクル仮説は，「人は，一生涯の消費額を，一生涯で使えるお金と等しくなるように，毎年の消費行動を決める」という仮説のことです．それゆえ，この仮説では，人々は「**生涯の所得＝生涯の消費**」となるように消費行動を決定します．

---

【問題 9.1（年間貯蓄額）（ライフサイクル仮説）】現在，毎年 500 万円の所得があり，800 万円の資金を保有している 45 歳の人がいます．この人が 65 歳まで働き，85 歳まで寿命があり，55 歳までの 10 年間は現在と同額の所得がありますが，その後 65 歳までの 10 年間は毎年の所得が 300 万円となり，その後 85 歳までの 20 年間は所得がないという予想のもとで，今後，生涯にわたって毎年同額の消費を行うとしたとき，この人が 15 年後の 60 歳の時の年間貯蓄額を解答群から選びなさい．

　ただし，個人の消費行動はライフサイクル仮説にもとづき，遺産は残さず，利子所得はないものとします．

　1. 10 万円　　　2. 50 万円　　　3. 80 万円　　　4. 100 万円　　　5. 220 万円

（東京都特別区職員 I 類採用試験）

---

【解答】ケアレスミスしないように，**問題文から必要な情報を取り出す**ことが大切です．この人の**生涯所得**は，

$$800 \text{ 万円} + 500 \text{ 万円} \times 10 \text{ 年間} + 300 \text{ 万円} \times 10 \text{ 年間} = 8{,}800 \text{ 万円}$$

です．現在は 45 歳で 85 歳まで生きますので，余命は 40 年です．それゆえ，**1 年間の消費額**は，

$$8{,}800 \text{ 万円} / 40 \text{ 年間} = 220 \text{ 万円} / \text{年}$$

になります．

　15 年後の 60 歳の時の年間所得は 300 万円ですので，60 歳の時の**年間貯蓄額**は，

$$300 \text{ 万円} / \text{年} - 220 \text{ 万円} / \text{年} = 80 \text{ 万円} / \text{年}$$

　したがって，正しい選択肢は 3 になります．

---

**【問題 9.2（ライフサイクル仮説）（毎年の貯蓄額）】**これから働き始めようとしているある個人が，ライフサイクル仮説にもとづいて，消費と貯蓄の計画を立てるものとします．この個人は，今後 60 年間生きること，これからの稼得期間が 40 年間で，その後の引退期間が 20 年間あること，稼得期間の前半の 20 年間の毎年の所得は 550 万円ですが，後半の 20 年間の毎年の所得は 750 万円であり，引退期間には所得はないことをあらかじめ分かっているものとします．さらに，この個人は，稼得期間の最初には 100 万円の資産を保有していますが，遺産を残さないものとします（利子率は 0 とします）．

このとき，この個人がこれから生涯にわたって毎年同じ金額の消費を行うとした場合，稼得期間の後半の 20 年間の毎年の貯蓄額を解答群から選びなさい．

   1.　35 万円　　　2.　115 万円　　　3.　235 万円　　　4.　315 万円　　　5.　435 万円

（国家公務員一般職試験 行政職）

---

**【解答】ライフサイクル仮説**においては，「**生涯の所得＝生涯の消費**」となるように，人々は消費行動を決定します．そこで，まず，**生涯の所得**を計算すれば，

$$生涯の所得＝前半の 20 年間の所得 + 後半の 20 年間の所得$$
$$＝550 \times 20 + 750 \times 20 = 26{,}000 万円$$

一方，今後 60 年間の 1 年間あたりの**平均消費額**は，100 万円の資産（利子率は 0）を考慮すれば，

$$1 年間あたりの平均消費額＝(26{,}000 + 100) / 60 = 435 万円$$

したがって，後半の 20 年間における**毎年の貯蓄額**は，

$$750 - 435 = 315 万円$$

となり，正しい選択肢は 4 となります．

【問題 9.3（ライフサイクル仮説）（各年の消費水準）】ある人は，ライフサイクル仮説にもとづき行動し，稼得期以降の生涯を通じて消費を平準化するものとします．この人は，稼得期の初期時点に 1,000 万円の資産を持っており，稼得期の 40 年間に毎年 250 万円ずつの労働所得を得ます．また，この人は引退してから 20 年後に死亡しますが，引退後の所得は 0 であり，死後，子孫に 2,000 万円を残すことを予定しています．なお，利子率は 0 とします．

ここで，稼得期 30 年目の終わりにこの人が突然転職を決め，31 年目以降の残り 10 年間の労働所得が 250 万円から 400 万円に増加するものとします．

このとき，この人は30年目の終わりに31年目以降の消費計画を立て直すものとします．この場合，この人の31年目以降の残り30年間の各年の消費水準を解答群から選びなさい．

    1.　100 万円　　　2.　150 万円　　　3.　175 万円　　　4.　200 万円　　　5.　250 万円

（国家公務員一般職試験　行政職）

【解答】転職しない場合，この人の**生涯所得**は，

    1,000 万円（初期の資産）＋250 万円×40 年間（40 年間の労働所得）＝11,000 万円

です．子孫に 2,000 万円残す予定で，残りの 9000 万円を 60 年間で使いますので，**毎年の消費額**は，

$$9000 \div 60 = 150 \text{ 万円／年}$$

となります．

一方，実際には，転職をして 10 年間の労働所得が 250 万円から 400 万円に増加します．毎年の年収増加分は 150 万円で，**生涯年収**は，

$$150 \text{ 万円} \times 10 \text{ 年間} = 1,500 \text{ 万円}$$

だけ増加します．この増加分を人生の残りの 30 年間で均等に消費すると考えればよいので，

$$1500 \text{ 万円} \div 30 \text{ 年間} = 50 \text{ 万円／年}$$

だけ，毎年の消費額に追加すれば，31 年目以降の残り 30 年間における**各年の消費水準**は 200 万円となります．

したがって，正しい選択肢は 4 になります．

---

【問題 9.4（ライフサイクル仮説）（平均貯蓄率）】各家計は，ライフサイクル仮説にもとづき行動し，生涯を通じて消費を平準化するものとします．各家計の稼得期が 45 年間，引退期が 30 年間であるものとし，稼得期の各年の所得が 350 万円，引退期の各年の所得は 0 であると仮定します．また，利子率は 0 とし，各家計は稼得期の最初に資産を持たず，遺産も残さないものとします．

すべての家計が上記の条件を満たすものとし，現在，稼得期にある家計の数，引退期にある家計の数がそれぞれ 60，20 であるとき，経済全体の平均貯蓄率を解答群から選びなさい．

| | | | | |
|---|---|---|---|---|
| 1. 20 % | 2. 30 % | 3. 40 % | 4. 50 % | 5. 60 % |

（国家公務員一般職試験 行政職）

---

【解答】ライフサイクル仮説においては，「生涯の所得＝生涯の消費」となるように，人々は消費行動を決定します．

各家計の稼得期が 45 年間，引退期が 30 年間ですので，**生涯年数**は 75 年となります．また，**稼得した所得**は，

$$350 \times 45 = 15{,}750 \, 万円$$

で，**生涯にわたる毎年の消費額**は，

$$350 \times 45 \times \frac{1}{75} = 350 \times \frac{3}{5} = 210 \, 万円$$

となります．それゆえ，**毎年の貯蓄額**は

$$350 - 210 = 140 \, 万円$$

です．

稼得期にある家計の数が 60 なので，**貯蓄の総額**は，

$$140 \times 60 = 8{,}400 \, 万円/年$$

で，引退期にある家計の数が 20 なので，**消費の総額**は，

$$210 \times 20 = 4{,}200 \, 万円/年$$

ですので，全体では，

$$8{,}400 - 4{,}200 = 4{,}200 \, 万円/年$$

の貯蓄です．

ところで，**貯蓄率**とは，所得のうちの貯蓄の割合です．また，全体で考えた時の毎年の所得は，

$$(210 + 140) \times 60 = 21{,}000 \, 万円/年$$

ですので，貯蓄率は

$$\frac{4{,}200}{21{,}000} = 0.2 \quad (20\%)$$

となります.
　したがって，正しい選択肢は 1 となります.

# 第 10 章

# 投資理論

## ●ストック調整モデル

**ストック調整モデル**では，$t$ 期の望ましいとされる最適資本ストック $K_t^*$ と $t-1$ 期における実際の資本ストック $K_{t-1}$ との差分をすべて投資するのではなく，その一部のみが $t$ 期に投資として実現されるとします．それゆえ，**伸縮的加速子**を $\lambda$ としたとき，$t$ 期の投資需要 $I_t$ は，

$$I_t = \lambda(K_t^* - K_{t-1})$$

で与えられます．

## ●資本の使用者費用

資本を一単位利用するのにかかる費用を**資本の使用者費用**といいます．資本を一単位調達するのにかかる利子率（利子費用）を $r$，資本を一単位生産活動に利用することで資本が減耗する資本減耗率を $d$ とした場合，**資本の使用者費用**は，

**資本の使用者費用 = 利子費用 $r$ + 資本減耗率 $d$**

と表されます．

## ●資本の限界効率 (Marginal Efficiency of Capital)

**資本の限界効率**とは，投資を 1 単位増やしたとき，それから発生が予想される予想収益率のことです．$\Delta K$ を投資の増分量，$\Delta Y$ をそれによる予想収益とすれば，

$$資本の限界効率 = \frac{\Delta Y}{\Delta K}$$

で計算できます．

## ●限界生産性 (Marginal Productivity)

**限界生産性**（限界生産力）とは，生産要素の投入量を 1 単位増加させたときに，生産量がどれだけ増えるかを表すものです．たとえば，生産関数を $Y = f(X,Y,Z)$ とすると，生産要素 $X$ の限界生産性は，生産関数を $X$ に関して偏微分して，

$$生産要素 X の限界生産性 = \frac{\partial Y}{\partial X} = \frac{\partial f(X,Y,Z)}{\partial X}$$

とすれば求まります．

## ●新古典派 [1] の投資理論

新古典派の投資理論では，望ましい資本ストック水準において，

**資本の限界生産性（資本の限界効率）＝ 資本の使用者費用（＝ 利子率＋資本減耗率）**

が成立します．

## ●リスクプレミアム

**リスクプレミアム**は「リスクに対する見返りに相当する部分」で，投資家が将来のリスクに対して要求する金利の上乗せ分になります．

## ●割引現在価値

割引現在価値とは，将来受け取る予定の収益を今受け取ったと仮定した時に，どの程度の価値になるか（将来の価値を現在の価格に割り引いた価値）を表す指標です．ちなみに，株価は，

**株価 ＝ 予想収益の現在割引価値を合計した額**

になります．

## ●トービンの $q$ 理論

トービンの $q$ は，

$$q = \frac{\text{企業の市場価値}}{\text{資本ストックの再取得費用}}$$

で与えられます．トービンの $q$ が 1 より大きい（$q>1$）と，分子の利益の方が分母の費用より大きいので投資します．

---

1) 新古典派経済学は，ワルラス，マーシャルなどを創始者とし，経済学の諸理論の中で今日もっとも支配的な影響力をもっている学派です．

【問題 10.1（ストック調整モデル）（投資需要）】ストック調整モデルにもとづく設備投資理論を考えます．すなわち，$t$ 期の望ましいとされる最適資本ストック $K_t^*$ と $(t-1)$ 期の実際の資本ストック $K_{t-1}$ の差のすべてを投資するのではなく，その一部のみが $t$ 期に投資として実現されるとします．伸縮的加速子を 0.5 としたとき，$t$ 期の投資需要 $I_t$ は，

$$投資関数 \quad I_t = 0.5(K_t^* - K_{t-1})$$

で与えられており，最適な資本ストック $K_t^*$ は生産量 $Y_t$ と利子率 $r$ を考慮した，

$$K_t^* = 0.8(Y_t / r)$$

によって決まっているものとします．

　利子率は 1.5％で一定とし，第 1 期（$t=1$）の生産量が 60 兆円，第 0 期（$t=0$）の実際の資本ストックが 6 兆円とした場合の第 1 期の投資需要を解答群から選びなさい．なお，ここでは資本減耗率はゼロとし，名目利子率と実質利子率の区別は無視するものとします．また，利子率 $r$ の値は％表示の値（$=1.5$）を用いるものとします．

　　1．　6 兆円　　2．　13 兆円　　3．　26 兆円　　4．　30 兆円　　5．　45 兆円

（国家公務員一般職試験　行政職）

【解答】問題文を読むと少し難しく感じるかもしれませんが，簡単な数学の問題です．第 1 期の投資需要を $I_1$ とすれば，

$$I_1 = 0.5(K_1^* - K_0) = 0.5\left\{0.8\left(\frac{Y_1}{r}\right) - K_0\right\} = 0.5\left\{0.8\left(\frac{Y_1}{1.5}\right) - K_0\right\}$$

上式に，$Y_1 = 60$，$K_0 = 6$ を代入すれば，

$$I_1 = 0.5\left\{0.8\left(\frac{60}{1.5}\right) - 6\right\} = 13$$

　したがって，正しい選択肢は 2 であることがわかります．

【問題 10.2（新古典派の投資理論）（企業の粗投資量）】新古典派の投資理論を考えます. 望ましい資本ストックは，資本の限界生産性と資本の使用者費用が等しくなるように決定されます. ある時点 $t$ における資本ストック $K_t$ と資本の限界生産性 $MPK$ との間に，以下の式で示される関係があるものとします.

$$MPK = \frac{2}{\sqrt{K_t}}$$

　いま，利子率が 0.06，資本減耗率が 0.04 のもとで，ある企業の（$T-1$）期の資本ストック水準が，新古典派の投資理論の望ましい資本ストック水準を達成していたとします.

　ここで，$T$ 期に利子率が 0.04 になったとすると，この企業の $T$ 期の粗投資量を解答群から選びなさい. ただし，$T$ 期の望ましい資本ストックも新古典派の投資理論にもとづいて決定されるものとし，新古典派の投資理論では，$T$ 期の望ましい資本ストックを $K_T^{*}$，（$T-1$）期の資本ストックを $K_{T-1}$，資本減耗率を $d$ としたとき，$T$ 期の粗投資量 $I_T$ は，

$$I_T = K_T^{*} - (1-d)K_{T-1}$$

となります.

　　1.　225　　　2.　241　　　3.　250　　　4.　384　　　5.　400

（国家公務員一般職試験　行政職）

【解答】新古典派の投資理論では，望ましい資本ストック水準において，

**資本の限界生産性＝資本の使用者費用（＝利子率＋資本減耗率）**

が成立します. したがって，（$T-1$）期における**資本の使用者費用（=利子率＋資本減耗率）**を求めれば，

$$0.06 + 0.04 = 0.10$$

これが**資本の限界生産性** $MPK$ と等しいはずです. それゆえ，

$$0.10 = \frac{2}{\sqrt{K_t}} \quad \therefore K_t = 400$$

　ところで，$T$ 期には利子率が 0.04 になったとしますので，この時の資本の限界生産性 $MPK$（=$T$ 期における資本の使用者費用）は，

$$0.04 + 0.04 = 0.08$$

で，

$$0.08 = \frac{2}{\sqrt{K_t}} \quad \therefore K_t = 625$$

　$T$ 期の望ましい資本ストックを $K_T^{*}$，（$T-1$）期の資本ストックを $K_{T-1}$，資本減耗率を $d$ としたとき，$T$ 期の粗投資量 $I_T$ を求める式に所定の数値を代入すれば，

$$I_T = K_T^* - (1-d)K_{T-1} = 625 - (1-0.04) \times 400 = 625 - 384 = 241$$

となります.

　したがって, 正しい選択肢は 2 となります.

---

**【問題 10.3（投資収益）（リスクプレミアム）】**危険資産の収益率は, 安全資産の利子率とリスクプレミアムの合計に一致するという裁定条件が常に成り立つとします.

　1 株あたり 120 円の配当が恒久的に得られると予想される株式があります. 当初, 安全資産の利子率およびリスクプレミアムは時間を通じて一定で, ともに 3% でした. いま, 投資家が危険回避的になったことにより, リスクプレミアムのみが 5% に変化しました.

　この時, 妥当な記述を解答群から選びなさい.

　　1. 株価は 1,500 円下落する.　　　　2. 株価は 1,000 円下落する.

　　3. 株価は 500 円下落する.　　　　　4. 株価は 500 円上昇する.

　　5. 株価は 1,000 円上昇する.

（国家公務員一般職試験　行政職）

---

**【解答】**リスクプレミアムは「リスクに対する見返りに相当する部分」で, 投資家が将来のリスクに対して要求する金利の上乗せ分になります. 当初の危険資産の収益率は,

　　危険資産の収益率＝安全資産の利子率 $r$ とリスクプレミアム $p = 3\% + 3\% = 6\% = 0.06$

です.

　一方,

### 株価＝予想収益の割引現在価値の合計額

ですので, 無限等比級数の和＝$\dfrac{\text{初項}}{1-\text{公比}} = \dfrac{a}{1-r}$ の公式を適用すれば,

$$株価 = \frac{120}{1.06} + \frac{120}{(1.06)^2} + \frac{120}{(1.06)^3} + \cdots = \frac{\frac{120}{1.06}}{1 - \frac{1}{1.06}} = \frac{\frac{120}{1.06}}{\frac{0.06}{1.06}} = \frac{120}{1.06} \times \frac{1.06}{0.06} = 2,000$$

　リスクプレミアムのみが 5% になった場合は,

　　危険資産の収益率＝安全資産の利子率 $r$ とリスクプレミアム $p = 3\% + 5\% = 8\% = 0.08$

ですので, 株価は,

$$株価 = \frac{120}{1.08} + \frac{120}{(1.08)^2} + \frac{120}{(1.08)^3} + \cdots = \frac{\frac{120}{1.08}}{1 - \frac{1}{1.08}} = \frac{\frac{120}{1.08}}{\frac{0.08}{1.08}} = \frac{120}{1.08} \times \frac{1.08}{0.08} = 1,500$$

したがって，500 円下落しますので，正しい選択肢は 3 となります．

---

**【問題 10.4（トービンの *q* 理論）】** 次の文は，投資理論に関する記述ですが，文中の空所 A～D に該当する人物名，語句または数式の組合せとして，妥当なものを解答群から選びなさい．

　　$\boxed{\text{A}}$ が提唱した *q* 理論は，$\boxed{\text{B}}$ で定義され，$\boxed{\text{C}}$ ならば投資が行われるとした．なお，$\boxed{\text{D}}$ が存在するため，*q* は 1 から乖離する．

| | A | B | C | D |
|---|---|---|---|---|
| 1. | トービン | $\dfrac{\text{企業の市場価値}}{\text{資本ストックの再取得費用}}$ | $q>1$ | 加速度原理 |
| 2. | ジョルゲンソン | $\dfrac{\text{企業の市場価値}}{\text{資本ストックの再取得費用}}$ | $q<1$ | 調整費用 |
| 3. | トービン | $\dfrac{\text{企業の市場価値}}{\text{資本ストックの再取得費用}}$ | $q>1$ | 調整費用 |
| 4. | ジョルゲンソン | $\dfrac{\text{資本ストックの再取得費用}}{\text{企業の市場価値}}$ | $q<1$ | 加速度原理 |
| 5. | トービン | $\dfrac{\text{資本ストックの再取得費用}}{\text{企業の市場価値}}$ | $q>1$ | 加速度原理 |

（東京都特別区職員 I 類採用試験）

---

**【解答】** トービンの *q* は，

$$q = \frac{\text{企業の市場価値}}{\text{資本ストックの再取得費用}}$$

で与えられ，トービンの *q* が 1 より大きい（$q>1$）なら，分子の利益の方が分母の費用より大きいので投資します．

　**調整費用**とは，投資する際に付随してかかる費用のことです．調整費用が 0 ならば，$q=1$ で投資することになりますが，実際には調整費用がかかりますので $q\neq1$ とはなりません．

　したがって，正しい選択肢は 3 になります．

# 第 11 章

# *AD-AS* 分析

●総需要曲線（Aggregate Demand Curve）

　総需要曲線（***AD*曲線**）は，財市場（財やサービスをやり取りする市場）と貨幣市場（短期資金の貸借が行われる市場）を均衡させる物価 $P$（Prices）と国民所得 $Y$（National Income）[1]の組合せを，図 11-1 に示すようにグラフに描いたものです．

　政府による公共投資や減税といった**財政政策**によって政府支出を増加させると，利子率上昇と物価上昇をともなって，国民所得が増加します [2]．このとき，*AD* 曲線は右にシフトします．一方，**金融政策**によって貨幣供給量を増加させると，利子率低下と物価上昇をともなって，国民所得が増加します [3]．その結果，*AD* 曲線は右にシフトします．

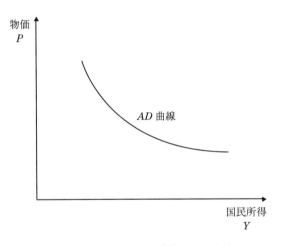

図 11-1　総需要曲線（*AD* 曲線）

---

1) 国民所得の $Y$ は，Yield のイニシャルです．産出量という意味で直接的には所得と関係ないのですが，産出量＝支出額＝所得となるために，国民所得として $Y$ が使われているようです．

2) 財政政策が拡大方向で動いている場合，財政出動の拡大によって経済が刺激されることになるため，景気が回復し物価が上昇に向かい，金利の上昇要因となります．

3) 金利が下がると経済活動がより活発となり，景気を上向かせる方向に作用します．また，景気が上向くと，物価を押し上げようとする圧力が働きます．

## ●総供給曲線（Aggregate Supply Curve）

　総供給曲線（*AS*曲線）が表すものは，古典派とケインズ派で異なります．いずれも，企業が利潤最大化行動をとることは共通していますが，古典派の*AS*曲線は「労働市場が均衡している物価」と「国民所得」の組合せを表します．これに対して，ケインズ派の*AS*曲線では，「企業の利潤が最大となる物価」と「国民所得」の組合せを表しています．

　参考までに，図 11-2 に示すように，古典派の*AS*曲線は垂直になり，ケインズ派の*AS*曲線は，通常，右上がりになります．

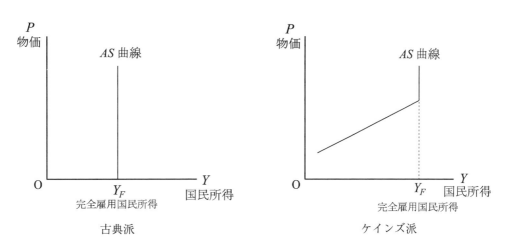

図 11-2 古典派とケインズ派の *AS* 曲線

## ●貨幣市場の均衡式

　名目貨幣供給量（名目マネーストック）を$M$，物価水準を$P$，実質貨幣需要を$L$とすれば，**貨幣市場の均衡式**は，

$$\frac{M}{P} = L$$

と表されます．

## ●閉鎖経済

　外国との金融・貿易取引をしていない経済のことを**閉鎖経済**といいます．

## ●ディマンド・プル・インフレーション

　**ディマンド・プル・インフレーション**とは，需要が大幅に増加し，供給を上回ったことで起こる物価上昇のことです．

## ●コスト・プッシュ・インフレーション

　**コスト・プッシュ・インフレーション**とは，原材料費や賃金の上昇などで引き起こされるインフレのことです．

【**問題** 11.1 （総需要関数）】ある国のマクロ経済が，以下の式で示されているとします．

$$Y = C + I + G$$

$$C = 20 + 0.8(Y - T)$$

$$I = 40 - 5r$$

$$G = 15$$

$$T = 0.25Y$$

$$\frac{M}{P} = L$$

$$L = 150 + 0.6Y - 10r$$

$$M = 140$$

$Y$：国民所得，$C$：消費，$I$：投資，$G$：政府支出，$T$：租税，$r$：利子率，

$M$：名目貨幣供給，$P$：物価水準，$L$：実質貨幣需要，

この経済の総需要関数として妥当なものを解答群から選びなさい．

1. $P = \dfrac{50}{Y}$ 　　 2. $P = \dfrac{100}{Y}$ 　　 3. $P = \dfrac{150}{Y}$ 　　 4. $P = \dfrac{200}{Y}$ 　　 5. $P = \dfrac{250}{Y}$

（国家公務員一般職試験 行政職）

【**解答**】解答群の答えから，物価水準 $P$ と国民所得 $Y$ の関係式を見いだせばよいことがわかります．まず，$Y = C + I + G$ に，消費 $C$，投資 $I$，政府支出 $G$ を代入し，$T = 0.25Y$ の関係に留意すれば，

$$Y = C + I + G = 20 + 0.8(Y - 0.25Y) + 40 - 5r + 15 = 75 + 0.6Y - 5r$$

$$\therefore \ 0.4Y = 75 - 5r \tag{1}$$

次に，**貨幣市場の均衡式**である $\dfrac{M}{P} = L$ に名目貨幣供給 $M$，実質貨幣需要 $L$ を代入すれば，

$$\frac{140}{P} = 150 + 0.6Y - 10r \tag{2}$$

式(1)と式(2)から利子率 $r$ を消去すれば，

$$\frac{140}{P} = 1.4Y \quad \therefore \ P = \frac{100}{Y}$$

したがって，正しい選択肢は 2 となります．

【問題 11.2（総需要曲線）】ある経済のマクロモデルが次のように示されているとき，総需要曲線として正しいものを解答群から選びなさい．なお，物価水準を $P$ とします．

$$Y = C + I$$

$$C = 20 + \frac{3}{4}Y$$

$$I = 100 - 5r$$

$$L = \frac{1}{2}Y + 250 - 10r$$

$$M = 240$$

$Y$：国民所得，$C$：消費，$I$：投資，$r$：利子率，

$L$：実質貨幣需要，$M$：名目マネーストック

1.　$r = -\dfrac{1}{20}Y + 24$　　　　2.　$r = 5Y + 100$　　　　3.　$P = \dfrac{240}{Y + 10}$

4.　$P = \dfrac{240}{Y + 100}$　　　　5.　$P = 240Y + 2400$

（国家公務員一般職試験　行政職）

【解答】$Y = C + I$ の右辺に，

$$C = 20 + \frac{3}{4}Y$$

$$I = 100 - 5r$$

を代入して整理すれば，

$$r = 24 - \frac{1}{20}Y \tag{1}$$

　名目マネーストック（名目貨幣供給量）を $M$，物価水準を $P$，実質貨幣需要を $L$ とすれば，**貨幣市場の均衡式**は，

$$\frac{M}{P} = L$$

と表されますので，

$$\frac{240}{P} = \frac{1}{2}Y + 250 - 10r$$

この式に，式(1)の

$$r = 24 - \frac{1}{20}Y$$

を代入すれば，

$$\frac{240}{P} = \frac{1}{2}Y + 250 - 10\left(24 - \frac{1}{20}Y\right)$$

整理して，

$$P = \frac{240}{Y+10}$$

となります．

　したがって，正しい選択肢は 3 となります．

---

【**問題 11.3（均衡国民所得）**】以下のような閉鎖経済のマクロ経済モデルを考えます．財市場では，

$$Y = 12 + 0.5Y$$
$$I = 43 - r$$
$$G = 5$$

$C$：消費，$Y$：国民所得，$I$：投資，$r$：利子率，$G$：政府支出

が成立し，貨幣市場では，以下が成立しています．

$$L = \frac{2}{r}$$
$$M = 1$$

$L$：実質貨幣需要，$M$：名目貨幣供給量，$P$：物価水準

　また，物価を $P$ とすると，総供給曲線は，

$$Y = 2P$$

で与えられています．このマクロ経済の均衡国民所得を解答群から選びなさい．

　　1.　10　　　　2.　20　　　　3.　40　　　　4.　60　　　　5.　80

（国家公務員一般職試験 行政職）

---

【**解答**】閉鎖経済とは貿易が行われていない経済のことですので，問題文に書かれていない，**財市場の均衡式**

$$Y = C + I + G$$

（閉鎖経済なので「輸出－輸入」の項はありません）

を考慮する必要があります．それゆえ，

$$Y = C + I + G = 12 + 0.5Y + 43 - r + 5$$
$$\therefore r = 60 - 0.5Y \tag{1}$$

　一方，**貨幣市場の均衡式**も記載されていませんので，暗記している均衡式

$$\frac{M}{P} = L$$

に与えられた条件式を代入すれば,

$$\frac{1}{P} = \frac{2}{r} \quad \therefore r = 2P \tag{2}$$

式(1)と式(2)から,

$$2P = 60 - 0.5Y$$

この式に, $Y = 2P$ を代入すれば,

$$Y = \frac{60}{1.5} = 40$$

となります.

　したがって, 正しい選択肢は 3 となります.

**【問題 11.4（AD-AS 分析）（失業）（インフレーション）】** 次の I 図はケインズ派，II 図は古典派のケースについて，縦軸に物価を，横軸に国民所得をとり，総需要曲線を AD，総供給曲線を AS とし，その 2 つの曲線の交点を $E_1$ で表したものですが，それぞれの図の説明として妥当なものを解答群から選びなさい．ただし，I 図における総供給曲線 AS は，国民所得 $Y_0$ で垂直であるとします．

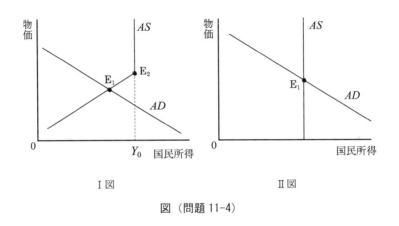

図（問題 11-4）

1. I 図では，政府支出を増加させる財政政策が実施され，総需要曲線 AD が右へシフトして均衡点が $E_1$ から $E_2$ に移動した場合，物価が上昇するとともに国民所得も増加し，均衡点 $E_2$ では完全雇用が達成される．
2. I 図では，生産要素価格が上昇すると総供給曲線 AS が上へシフトして均衡点 $E_1$ が移動し，物価が上昇するが国民所得は減少することとなり，このようにして生じるインフレーションをディマンド・プル・インフレーションという．
3. II 図では，貨幣供給量を増加させる金融緩和政策が実施されると，総需要曲線 AD が左へシフトして均衡点 $E_1$ が移動するが，国民所得は変化しない．
4. II 図では，政府支出を増加させる財政政策が実施され，総需要曲線 AD が右へシフトして均衡点 $E_1$ が移動した場合，物価が下落するが，このようにして生じるインフレーションをコスト・プッシュ・インフレーションという．
5. II 図では，労働市場に摩擦的失業と非自発的失業のみが存在しているため，総供給曲線 AS が垂直となっている．

（東京都特別区職員 I 類採用試験）

**【解答】** 以下に述べた理由から，正しい選択肢は 1 となります．

選択肢 1：○

　財政政策や金融緩和政策が実施されると AD 曲線は右にシフトします．また，均衡点が $E_1$ から $E_2$ に移動して AS 曲線が垂直になると，ケインズ派も古典派も完全雇用が実現するとしています．

選択肢 2：×

　生産要素価格が上昇したインフレーションなので，ディマンド・プル・インフレーションではなく，**コスト・プッシュ・インフレーション**です．

選択肢 3：×

　**金融緩和政策が実施されると，総需要曲線 *AD* は右へシフトします**．左ではありません．

選択肢 4：×

　総需要曲線 *AD* が右へシフトして均衡点 $E_1$ が移動した場合，物価が上昇します（物価は下落しません）．また，需要が増加した時に起こりますので，コスト・プッシュ・インフレーションではなく，**ディマンド・プル・インフレーション**です．

選択肢 5：×

　総供給曲線 *AS* が垂直となっていると完全雇用が実現しています．**完全雇用では摩擦的失業と自発的失業のみ** [4]**が存在します**（非自発的失業は存在しません）．

---

4）摩擦的失業は「労働者が新たに就職や転職しようとする際の職探しの期間に生じる失業」で，自発的失業は「労働者が現行の賃金水準に満足せず，就業しないことにより生ずる失業」です．

# 第 12 章

# *IS-LM* 分析

● *IS* 曲線

***IS* 曲線**とは，**財市場の需要と供給**を等しく（均衡）させる**利子率と所得の組合せ**（横軸に所得 $Y$，縦軸に利子率 $r$）を表示したものであり，図 12-1 に示すように右下がりの曲線となります．ちなみに，*IS* の *I* は Investment（投資），*S* は Savings（貯蓄）で，財市場を表しています．

*IS* 曲線には以下の性質があります．

① *IS* 曲線は右下がり

② *IS* 曲線上のすべての点において財市場は均衡している．

③ 需要の増加は *IS* 曲線を右側にシフトさせる．

（理由）ある利子率で需要が増加すると所得が増えるので，*IS* 曲線は右側にシフトします．

④ 需要の減少は *IS* 曲線を左側にシフトさせる．

（理由）ある利子率で需要が減少すると所得が低減するので，*IS* 曲線は左側にシフトします．

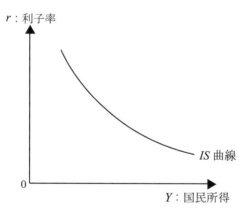

図 12-1 *IS* 曲線

● *LM* 曲線

***LM* 曲線**とは，**貨幣市場の需要と供給**を等しく（均衡）させる利子率と所得の組合せ（横軸に所得 $Y$，縦軸に利子率 $r$）を表したものであり，図 12-2 に示すように右上がりの曲線となります．ちなみに，*LM* の *L* は Liquidity で流動性（需要）を，*M* は Money Supply で貨幣供給を表し，貨幣市場であることを意味します．

*LM* 曲線には以下の性質があります．

① *LM* 曲線は右上がり

②　*LM* 曲線上ではすべての貨幣市場は均衡している.

③　貨幣供給量の増加は*LM* 曲線を右側にシフトさせる.

　（理由）所得を固定して貨幣供給量を増加させると貨幣市場で超過供給となり, 利子率が低下します. その結果, 新しい*LM* 曲線は元の曲線から右側にシフトします.

④　貨幣供給量の減少は*LM* 曲線を左方にシフトさせる.

　（理由）所得は固定していて貨幣供給量を減少させると貨幣市場で超過需要となり, 利子率が上昇します. その結果, 新しい*LM* 曲線は元の曲線から左側にシフトします.

⑤　貨幣の利子弾力性が大きいと*LM* 曲線の傾きは緩やかに, 小さいと*LM* 曲線の傾きは急になることも知られています.

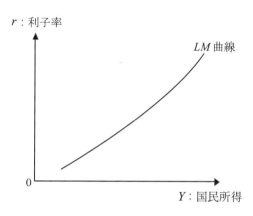

図 12-2 *LM* 曲線

### ● *IS–LM* 分析

　*IS–LM* とは, $I$：投資, $S$：貯蓄, $L$：流動性, $M$：貨幣供給のことで, *IS* と *LM* はそれぞれ財市場（生産された財が交換される場）と貨幣市場（短期資金の貸借が行われる市場）が均衡しているときにつり合うもの同士を示しています.

　縦軸に利子率$r$, 横軸に国民所得$Y$をとり, 財市場の均衡条件を表す**IS 曲線**（財市場における需要側の投資 $I$ と供給側の貯蓄 $S$ を等しくさせる利子率と所得の組合せを表した右下がりの曲線）と貨幣市場の均衡条件を表す**LM 曲線**（利子率が上がると国民所得が増加し, 利子率が下がると国民所得が減少するという関係を表した右上がりの曲線）を描くと, 図 12-3 に示すように, *IS* 曲線と *LM* 曲線の交点から財・貨幣同時均衡状態における国民所得と利子率を求めることができます.

　ちなみに, *IS* 曲線の通らない点では財市場は不均衡状態にあり, **IS 曲線の左側（下）の領域は財の超過需要**（利子率$r$が低下すると, 貯蓄よりも投資にお金を回そうとするために「需要側の投資 $I$ ＞供給側の貯蓄 $S$」となります）, 右側（上）の領域は財の超過供給状態（利子率$r$が上昇すると, 投資よりも貯蓄にお金を回そうとするために「供給側の貯蓄 $S$ ＞需要側の投資 $I$」となります）にあること示しています. また, *LM* 曲線の通らない点では貨幣市場は不均衡状態にあり, **LM 曲線の左側（上）の領域は貨幣の超過供給**（利子率$r$が上昇すると, 貨幣の投機的需要が減少するので「貨幣需要の $L$ ＜貨幣供給の $M$」となります）, **右側（下）の領域は貨幣の超過需要状態**（利子率$r$が低下すると, 貨幣の投機的需要が増加

するので「貨幣供給の$M$＜貨幣需要の$L$」となります）にあることを示しています．

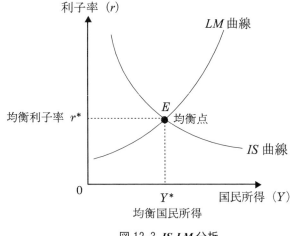

図 12-3 *IS-LM* 分析

## ●均衡財政

租税などによる歳入と歳出が同じ額で，黒字・赤字が発生していない財政を**均衡財政**といいます．それゆえ，均衡財政では，借入金である赤字国債に依存せずに，租税収入で歳出をまかなうことができる財政状態にあるといえます．

## ●買いオペレーション

日本銀行が金融市場で$CP$（コマーシャル・ペーパーのことで，企業が短期で資金調達するための，無担保の約束手形のこと）や手形，国債などを買うことにより，金融市場へ流れる資金を供給する（市場の通貨量を増加させる）金融政策のことを，**買いオペレーション**といいます．

## ●金融政策

**金融政策**は，公開市場操作（オペレーション）などの手段を用いて，**通貨および金融の調節**（政策金利や資金供給量を調節する政策）を行うことです．

## ●財政政策

**財政政策**は，増税（または減税）や国債発行の増減，**歳出面では公共事業の拡大（または縮小）**をすることによって，景気の拡大や抑制を図ることです．

## ●クラウディング・アウト

行政府が資金需要をまかなうために大量の国債を発行すると，それだけ国債の価値が下がりますので購入価格が下がり，安く手に入れられます（結果として，国債の利回りが良くなりますが，この状態を「金利が上昇する」と呼んでいます）．それゆえ，国債をたくさん発行すると，民間投資が抑制され，公共支出が民間支出を押し出してしまいますが，このこと

を**クラウディング・アウト**（Crowding Out：「押し出す」の意味）と呼んでいます．

## ●不完全雇用
　不完全雇用とは，与えられた仕事が労働者のスキルを使わないものであったり，パートタイムであったり，遊休状態であったりすることにより，労働力が十分に活用されていない状態のことをいいます．

## ●弾力性
　経済学における**弾力性**とは，所得の増減や価格の変動などが起きた時，消費者の購入量や生産者の生産量をどのように変化させるのかを表すものです．

## ●貨幣需要の利子弾力性
　**貨幣需要の利子弾力性**とは，利子率が 1％変動したときに，貨幣需要が何％動くかを示す係数のことをいいます．
　参考までに，図 12-4 に示すように，貨幣需要の利子弾力性が小さい場合は*LM*曲線が垂直になり，財政政策（減税，公共投資など）により *IS*曲線が右に移動した場合には，利子率*r*が大きく上がります．

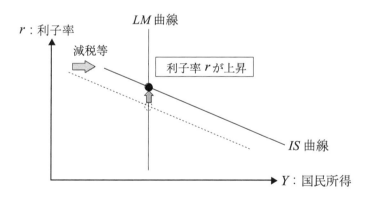

図 12-4　貨幣需要の利子弾力性が小さい場合

## ●投資の利子弾力性
　**投資の利子弾力性**とは，利子率が1％変動したときに，投資が何％動くかを示す係数のことで正の定数です．利子弾力性が大きいと，利子率の変化に対して投資が大きく動くことを表します．

## ●流動性のわな
　**流動性のわな**とは，景気刺激策として金融緩和（貨幣供給）が行われる時，利子率が著しく低下している条件の下では，それ以上マネーサプライを増やしても，もはや投資を増やす効果が得られないことをいいます．

　流動性のわなに陥っている場合，*LM* 曲線（貨幣市場の需要と供給を等しくさせる利子率と所得の組合せを表示したもの）が水平であるため，図 12-5 のように利子率は変わりません（**LM 曲線が水平な状態のことを流動性のわなと呼んでも構いません**）．流動性のわなの状態では，公共事業などの政府支出を増大させても利子率が上昇しませんので，民間の投資も締め出されることはありません．すなわち，**クラウディング・アウト**は全く発生しませんので，**流動性のわなの状態では，金融政策は無効で，政府による公共投資や減税といった財政政策はきわめて有効になります**（財市場の需要と供給を等しくさせる利子率と所得の組合せを表示した *IS* 曲線を右にシフトさせることになり，国民所得 *Y* は増加します）．

　参考までに，投資の利子弾性率が 0 の場合にも，金融政策は無効で，政府による公共投資や減税といった財政政策はきわめて有効になります．

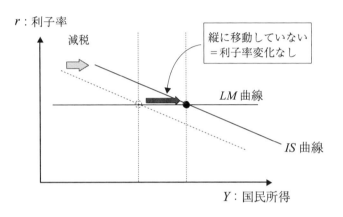

図 12-5　流動性のわな

## ●マンデル＝フレミングモデル

　マンデル＝フレミングモデルは，*IS－LM* モデルに海外部門（海外との取引）を取り入れて拡張したものです．

【問題 12.1（政府支出）（国民所得の増加）】ある国のマクロ経済が，次のように示されるとします.

$$Y = C + I + G$$

$$C = 30 + \frac{3}{5}(Y - T)$$

$$I = 20 - 2r$$

$$\frac{M}{P} = 180 + \frac{Y}{2} - 5r$$

$Y$：国民所得，$C$：消費，$I$：投資，$G$：政府支出，$T$：定額税

$r$：利子率，$M$：名目貨幣供給，$P$：物価水準

ここで，$P = 1$，$M = 200$ であるとします．均衡財政を保ちつつ，政府支出を30増加させたときの国民所得の増加分を解答群から選びなさい.

1.　10　　　　2.　20　　　　3.　30　　　　4.　40　　　　5.　50

（国家公務員一般職試験　行政職）

【解答】均衡財政が保たれていますので，政府支出増加分の財源はすべて増税でまかなうことになります．参考までに，問題で与えられた式において，

**財市場の均衡式**が $Y = C + I + G$,

**貨幣市場の均衡式**が $\dfrac{M}{P} = 180 + \dfrac{Y}{2} - 5r$

となります.

まず，与えられた式から，縦軸に利子率 $r$，横軸に国民所得 $Y$ をとった，財市場の均衡条件を表す *IS* 曲線を求めれば，

$$Y = C + I + G = 30 + \frac{3}{5}(Y - T) + 20 - 2r + G$$

$$\therefore r = -\frac{2}{10}Y + 25 + \frac{5}{10}G - \frac{3}{10}T \tag{1}$$

（分数のままの方が計算は楽になります）

次に，縦軸に利子率 $r$，横軸に国民所得 $Y$ をとった，貨幣市場の均衡条件を表す *LM* 曲線を求めれば，

$$\frac{200}{1} = 180 + \frac{Y}{2} - 5r$$

$$\therefore r = \frac{1}{10}Y - 4 \tag{2}$$

式(1)と式(2)を等置すれば，

$$-\frac{2}{10}Y + 25 + \frac{5}{10}G - \frac{3}{10}T = \frac{1}{10}Y - 4$$

$$\therefore Y = \frac{290}{3} + \frac{5}{3}G - T \tag{3}$$

式(3)において，政府支出 $G$ を 30 増加させると国民所得 $Y$ は $\frac{5}{3} \times 30 = 50$ だけ増加します．しかしながら，均衡財政を保っているため，政府支出の増加分である 30 だけ，定額税 $T$ も増えることになります．定額税が $T$ が 30 だけ増えると，式(3)からわかるように国民所得 $Y$ は 30 だけ減少します．

両者の増減を加味すると，国民所得 $Y$ は $50 - 30 = 20$ だけ増加しますので，正しい選択肢は 2 となります．

---

**【問題 12.2（政府支出）（国民所得の増加）】** ある国の経済において，マクロ経済モデルが次のように表されているとします．

$$Y = C + I + G$$
$$C = 20 + 0.5(Y - T)$$
$$I = 55 - 4r$$
$$G = 20$$
$$T = 40$$
$$L = 100 + Y - 2r$$
$$M = 150$$
$$L = M$$

$Y$：国民所得，$C$：民間消費，$I$：民間投資，$G$：政府支出，$r$：利子率

$T$：租税，$L$：貨幣需要量，$M$：貨幣供給量

このモデルにおいて，政府が税収を変えずに政府支出を 20 増加させる場合，国民所得の増加を解答群から選びなさい．ただし，物価水準は一定であると仮定します．

    1. 4         2. 6         3. 8         4. 10         5. 12

（東京都特別区職員 I 類採用試験）

---

**【解答】** まず，与えられた式から，縦軸に利子率 $r$，横軸に国民所得 $Y$ をとった，財市場の均衡条件を表す **IS 曲線** を求めれば，

$$Y = C + I + G = 20 + 0.5(Y - T) + 55 - 4r + G$$

$$\therefore r = -\frac{1}{8}Y + \frac{1}{4}G + \frac{55}{4} \tag{1}$$

次に，縦軸に利子率 $r$，横軸に国民所得 $Y$ をとった，貨幣市場の均衡条件を表す **LM 曲線** を求めれば，

$$L = M \quad \rightarrow \quad 100 + Y - 2r = 150 \quad \therefore r = \frac{1}{2}Y - 25 \tag{2}$$

式(1)と式(2)を等置すれば，

$$-\frac{1}{8}Y + \frac{1}{4}G + \frac{55}{4} = \frac{1}{2}Y - 25$$

$$\therefore Y = \frac{2}{5}G + 62 \tag{3}$$

式(3)において，政府支出 $G$ を 20 増加させると国民所得 $Y$ は $\frac{2}{5} \times 20 = 8$ だけ増加します．

したがって，正しい選択肢は 3 となります．

---

**【問題 12.3（政府支出）（完全雇用）】** ある国のマクロ経済が次のように示されています．このとき，均衡財政を維持しつつ（$G = T$），政府支出によって完全雇用を達成するための政府支出を解答群から選びなさい．

$$Y = C + I + G$$
$$C = 0.8(Y - T) + 42$$
$$I = 20 - 100r$$
$$\frac{M}{P} = 100$$
$$L = 0.2Y - 100r + 50$$
$$Y_F = 300$$

$Y$：国民所得，$C$：消費，$I$：投資，$G$：政府支出，$T$：租税，$r$：利子率
$M$：名目貨幣供給，$P$：物価水準，$L$：実質貨幣需要，$Y_F$：完全雇用国民所得

  1.　10　　　　2.　20　　　　3.　30　　　　4.　40　　　　5.　50

（国家公務員一般職試験　行政職）

---

**【解答】** $Y = C + I + G$ の消費 $C$ と投資 $I$ に，

$$C = 0.8(Y - T) + 42, \quad I = 20 - 100r$$

を代入して整理すれば，

$$100r = -0.2Y - 0.8T + 62 + G$$

ここで，均衡財政を維持していることから $G = T$ であり，$T$ を $G$ に置き換えて整理すれば，

$$r = -\frac{0.2}{100}Y + 0.62 + \frac{0.2}{100}G \tag{1}$$

一方，貨幣市場の均衡式である $\dfrac{M}{P}$（実質貨幣供給）$= L$（実質貨幣需要）の関係から，

$$100 = 0.2Y - 100r + 50 \quad \therefore r = \frac{0.2}{100}Y - 0.5 \qquad (2)$$

ここで，完全雇用を達成するためには（完全雇用国民所得は）$Y = 300$ ですので，式(2)に代入して整理すれば，

$$r = \frac{0.2}{100}Y - 0.5 = \frac{0.2}{100} \times 300 - 0.5 = 0.1$$

それゆえ，$r = 0.1$ と $Y = 300$ を式(1)に代入すれば，求める答えは $G = 40$ となります．

したがって，正しい選択肢は 4 となります．

---

【問題 12.4（完全雇用）（政府支出）】以下のような閉鎖経済における $IS-LM$ モデルを考えます．

$$Y = C + I + G$$
$$C = 20 + 0.8Y$$
$$I = 200 - 10r$$
$$L = Y + 100 - 10r$$
$$\frac{M}{P} = 600$$

$Y$：国民所得，$C$：消費，$I$：投資，$G$：政府支出，$r$：利子率

$L$：実質貨幣需要，$M$：名目貨幣供給量，$P$：物価水準

この経済において，完全雇用を達成する均衡国民所得が 650 であるとすると，完全雇用を達成するための政府支出を解答群から選びなさい．

1. 20　　　　2. 30　　　　3. 40　　　　4. 50　　　　5. 60

（国家公務員一般職試験 行政職）

---

【解答】 *IS* 曲線の式は，

$$Y = C + I + G = 20 + 0.8Y + 200 - 10r + G$$
$$\therefore 10r = 220 - 0.2Y + G \qquad (1)$$

また，*LM* 曲線の式は，実質貨幣供給量 $M/P$ と実質貨幣需要 $L$ が等しいので，

$$\frac{M}{P} = L = Y + 100 - 10r = 600$$
$$\therefore 10r = Y - 500 \qquad (2)$$

*IS* 曲線と *LM* 曲線が交わる点の国民所得が均衡国民所得（$Y = 650$）なので，式(1)と式(2)から，

$$220 - 0.2 \times 650 + G = 650 - 500 \quad \therefore G = 60$$

したがって，正しい選択肢は 5 となります．

---

【問題 12.5（完全雇用）（政府支出の増加）】ある国の経済において，マクロ経済モデルが次のように表されているとします．

$$Y = C + I + G$$
$$C = 80 + 0.6(Y - T)$$
$$I = 100 - 8r$$
$$G = 131$$
$$T = 0.2Y$$
$$L = 60 + 0.2Y - 10r$$
$$M = 160$$
$$P = 1$$

$Y$：国民所得，$C$：民間消費，$I$：民間投資，$G$：政府支出，$T$：租税，

$r$：実質利子率，$L$：実質貨幣需要量，$M$：名目貨幣供給量，$P$：物価水準

このモデルにおいて，均衡国民所得と，完全雇用国民所得 600 を実現するために必要な政府支出の増加の組合せとして，妥当なものを解答群から選びなさい．

|  | 均衡国民所得 | 政府支出 |
|---|---|---|
| 1. | 575 | 17 |
| 2. | 575 | 34 |
| 3. | 580 | 17 |
| 4. | 580 | 34 |
| 5. | 585 | 51 |

（東京都特別区職員 I 類採用試験）

---

【解答】まず，与えられた式から，縦軸に利子率 $r$，横軸に国民所得 $Y$ をとった，財市場の均衡条件を表す ***IS*** **曲線**を求めれば，

$$Y = C + I + G = 80 + 0.6(Y - 0.2Y) + 100 - 8r + 131 = 0.48Y - 8r + 311$$

$$\therefore r = \frac{1}{8}(-0.52Y + 311) \tag{1}$$

次に，縦軸に利子率 $r$，横軸に国民所得 $Y$ をとった，貨幣市場の均衡条件を表す ***LM*** **曲線**を求めれば，

$$\frac{M}{P} = L \quad \rightarrow \quad \frac{160}{1} = 60 + 0.2Y - 10r \quad \therefore r = \frac{1}{10}(0.2Y - 100) \tag{2}$$

式(1)と式(2)を等置すれば，

$$\frac{1}{8}(-0.52Y + 311) = \frac{1}{10}(0.2Y - 100) \quad \therefore Y = 575 \text{（均衡国民所得）} \tag{3}$$

式(3)を式(2)に代入すれば，

$$r = 1.5$$

完全雇用国民所得 600 を式(2)に代入すれば,

$$r = \frac{1}{10}(0.2Y-100) = \frac{1}{10}(0.2 \times 600 - 100) = 2 \quad (\text{完全雇用時の利子率})$$

完全雇用時の $Y=600$ と $r=2$ を

$$Y = C+I+G = 80 + 0.6(Y-0.2Y) + 100 - 8r + G \quad \rightarrow 0.52Y = 180 - 8r + G$$

に代入すれば,

$$0.52 \times 600 = 180 - 8 \times 2 + G \quad \therefore G = 148$$

したがって,必要な政府支出の増加 $\Delta G$ は,

$$\Delta G = 148 - 131 = 17$$

となり,正しい選択肢は 1 となります.

---

【問題 12.6 (実質貨幣供給量)】海外部門との取引がない閉鎖経済における財市場と貨幣市場を考えます. $Y$ を国民所得, $C$ を消費, $I$ を投資, $G$ を政府支出とすると,財市場では,

$$Y = C+I+G$$

が成立し,ケインズ型消費関数が

$$C = 120 + 0.8(Y-T)$$

で与えられているとします.ここで, $T$ は租税です.また,当初,政府支出が 80,租税も 80 であるとします.さらに,投資関数は,

$$I = 50 - 4r$$

で与えられているとします.ここで, $r$ は利子率です.

一方,貨幣市場では,実質貨幣供給量が800で,それに対する実質貨幣需要を $L$ とすると,

$$L = Y - 6r$$

です.いま,政府が,財政収支を均衡させたまま,均衡における国民所得を50だけ増加させようとして,財政拡大政策と金融緩和政策の両方を用いたとします.

政府支出を80から90へ,租税も80から90へ,それぞれ10ずつ増加させたとき,実質貨幣供給量を800の水準からいくら増加させる必要があるのか,解答群から選びなさい.

  1. 42  2. 62  3. 84  4. 124  5. 156

(国家公務員一般職試験 行政職)

---

【解答】まず,均衡時 $(G = T = 80)$ の国民所得 $Y$ を求めます.**IS曲線**は以下のように求められます.

$$Y = C+I+G = 120 + 0.8(Y-80) + 50 - 4r + 80 = 186 + 0.8Y - 4r$$

$$\therefore r = 46.5 - \frac{0.3}{6}Y \tag{1}$$

**LM 曲線**は，$L = Y - 6r$ に $L = 800$ を代入すれば，

$$800 = Y - 6r \quad \therefore r = \frac{1}{6}Y - \frac{400}{3} \tag{2}$$

式(1)と式(2)から，

$$46.5 - \frac{0.3}{6}Y = \frac{1}{6}Y - \frac{400}{3} \quad \therefore Y = 830 \text{（均衡国民所得）}$$

　次に，$G = T = 90$ になった場合を考えます．*IS* 曲線は，

$$Y = C + I + G = 120 + 0.8(Y - 90) + 50 - 4r + 90 = 188 + 0.8Y - 4r$$

$$\therefore r = 47 - \frac{0.2}{4}Y \tag{3}$$

均衡における国民所得を 50 だけ増加させますので，国民所得 $Y$ は，

$$Y = 830 + 50 = 880 \tag{4}$$

式(3)と式(4)から，

$$r = 47 - \frac{0.2}{4}Y = 47 - \frac{0.2}{4} \times 880 = 3$$

それゆえ，$(Y, r) = (880, 3)$ において *IS* 曲線が *LM* 曲線と交わって均衡すればよいことになります．

　実質貨幣供給量が 800 から $x$ だけ増加させると *LM* 曲線は，

$$800 + x = Y - 6r \quad \therefore r = \frac{1}{6}Y - \frac{800 + x}{6} \tag{5}$$

$(Y, r) = (880, 3)$ を式(5)に代入すれば，

$$3 = \frac{1}{6} \times 880 - \frac{800 + x}{6} \quad \therefore x = 62$$

　したがって，正しい選択肢は 2 となります．

---

【問題 12.7（*IS-LM* 分析）】*IS-LM* 分析に関する A～D の記述について，妥当なものをすべてあげているものを解答群から選びなさい．ただし，グラフを描いた場合，縦軸に利子率をとり，横軸に国民所得をとるものとします．

A. 財政政策により政府支出が増加するとき，貨幣需要の利子弾力性が小さい場合は，貨幣需要の利子弾力性が大きい場合に比べ，財政政策による国民所得の増加幅が大きくなる．これは，貨幣需要の利子弾力性が大きい場合，同じ政府支出の増加に対して利子率が大きく上昇し，民間投資を大きく減らすためである．

B. 流動性のわなが生じ，*LM* 曲線が横軸と平行な部分において *IS* 曲線と交わっている場合，流動性のわなが生じていない場合と比較して，財政政策は国民所得を増加させる効果が小さくなる．

C. 財政政策による政府支出を市中消化の国債の発行により賄う場合は，貨幣供給量は変化しない．一方，当該政府支出を中央銀行引受けの国債の発行で賄う場合は，貨幣供給量の増加を引き起こし *LM* 曲線の右方シフトを生じさせる．

D. 資産市場が，貨幣市場および債券市場から成り立っている場合，*IS* 曲線と *LM* 曲線の交点においては，財市場，貨幣市場および債券市場のいずれの市場においても需給が均衡している．

  1. A, B  2. A, C  3. B, C  4. B, D  5. C, D

（国家公務員一般職試験 行政職）

---

【解答】A：×（貨幣需要の利子弾力性が小さい場合は，**_LM_ 曲線が垂直になります**．減税や公共投資などの財政政策により *IS* 曲線が右に移動した場合には利子率 *r* が上がります．すなわち，「利子率増加→投資減少」という流れである**クラウディング・アウト**が顕著に現れるため，財政政策による国民所得の増加幅は小さくなります．大きくなるわけではありません）．

B：×（流動性のわなとは，景気刺激策として金融緩和（貨幣供給）が行われる時，利子率が著しく低下している条件のもとでは，それ以上マネーサプライを増やしても，もはや投資を増やす効果が得られないことをいいます．**流動性のわなの状態では，公共事業などの政府支出を増大させても利子率が上昇しませんので，民間の投資も締め出されることはありません**．すなわち，クラウディング・アウトはまったく発生しませんので，**流動性のわなの状態では，政府による公共投資や減税といった財政政策はきわめて有効になります**．したがって，「財政政策は国民所得を増加させる効果が小さくなる」という記述が誤です）．

C：○（記述の通り，**財政政策による政府支出を市中消化の国債の発行により賄う場合は，貨幣供給量は変化しません**．一方，当該政府支出を中央銀行引受けの国債の発行で賄う場合は，貨幣供給量の増加を引き起こし，*LM* 曲線の右方シフトを生じさせます．「**中央銀行引受**

けの国債を発行することは通貨を発行することと同じであり，民間のお金が増える」は，暗記しておきましょう）.

D：◯（記述の通り，資産市場が貨幣市場および債券市場から成り立っている場合，*IS*曲線と*LM*曲線の交点においては，財市場，貨幣市場および債券市場のいずれの市場においても需給が均衡しています）.

　したがって，正しい選択肢は5となります.

---

【問題 12.8（政府支出）（国民所得）】不完全雇用を前提とした以下のようなマクロ経済モデルを考えます．ただし，このマクロ経済モデルでは，海外との取引はないとします．

$$Y = C + I + G$$
$$C = 110 + 0.8(Y - T)$$
$$I = 60 - 0.1r$$
$$M = L = Y - i$$
$$r = i - \pi^e$$

　　*Y*：国民所得，*C*：消費，*I*：投資，*G*：政府支出，*T*：租税，*r*：実質利子率
　　　*M*：貨幣供給量，*L*：貨幣需要，*i*：名目利子率，$\pi^e$：予想インフレ率

また，政府支出と租税には，$G = T = 65$という関係が成立しています．いま，$M = 900$，$\pi^e = 6$であるとします．この場合における国民所得の大きさを解答群から選びなさい.

　　　1．904　　　　2．906　　　　3．908　　　　4．910　　　　5．912

（国家公務員一般職試験 行政職）

---

【解答】国民所得*Y*を求める問題であると把握した上で，淡々と与えられた式を変形していきます（経済学に関する知識は不要です）.

$$Y = C + I + G = 110 + 0.8(Y - T) + 60 - 0.1r + G = 110 + 0.8Y - 0.8 \times 65 + 60 - 0.1(i - \pi^e) + 65$$
$$\therefore 0.2Y = 183.6 - 0.1i \tag{1}$$

一方，$M = L = Y - i$の式は，

$$900 = Y - i \quad \therefore i = Y - 900 \tag{2}$$

式(1)と式(2)から名目利子率*i*を消去して，国民所得*Y*を求めれば，

$$0.2Y = 183.6 - 0.1i = 183.6 - 0.1(Y - 900)$$
$$\therefore Y = 912$$

　したがって，正しい選択肢は5となります.

【問題12.9（クラウディング・アウト効果）（国民所得の減少）】ある国のマクロ経済が，以下の式で示されているとします．

$$Y = C + I + G + EX - IM$$
$$C = 50 + 0.6(Y - T)$$
$$I = 100 - 3r$$
$$G = 60$$
$$EX = 90$$
$$IM = 0.2Y$$
$$T = 0.25Y$$
$$M = L$$
$$M = 100$$
$$L = Y - 8r + 60$$

$Y$：国民所得，$C$：消費，$I$：投資，$G$：政府支出，$EX$：輸出，$IM$：輸入

$T$：租税，$M$：貨幣供給，$L$：貨幣需要，$r$：利子率

いま，この経済において，政府支出を60%拡大したとします．この場合におけるクラウディング・アウト効果による国民所得の減少分を解答群から選びなさい．

1. 8      2. 12      3. 16      4. 20      5. 24

（国家公務員一般職試験　行政職）

【解答】*IS* 曲線（投資と貯蓄が等しいときの利子率と国民所得の関係を表す曲線）の関係式を求めれば，

$$Y = C + I + G + EX - IM = 50 + 0.6(Y - 0.25Y) + 100 - 3r + 60 + 90 - 0.2Y$$
$$\therefore r = 100 - 0.25Y \tag{1}$$

物価水準を $P$ とすれば，$M/P = L$ が**貨幣市場の均衡式**ですが，この問題では $M = L$ となっていることから，$P = 1$ だと考えられます．**LM 曲線**の関係式を求めれば，

$$100 = Y - 8r + 60 \quad \therefore r = \frac{Y}{8} - 5 \tag{2}$$

式(1)と式(2)を等置すれば $Y = 280$ となり，利子率 $r$ も $r = 30$ と求まります．よって，式(1)と式(2)の交点は

$$(Y, r) = (280, 30)$$

となります．

次に，政府支出の $G = 60$ が60%拡大すると $G = 60 + 60 \times 0.6 = 96$ になりますので，**新たな *IS* 曲線**の関係式は，

$$Y = C + I + G + EX - IM = 50 + 0.6(Y - 0.25Y) + 100 - 3r + 96 + 90 - 0.2Y$$
$$\therefore r = 112 - 0.25Y \quad （新しい \text{ } IS \text{ 曲線}） \tag{3}$$

式(2)と式(3)を等置すれば $Y = 312$ となります（利子率を求めれば $r = 34$）．

　クラウディング・アウト効果による減少分とは，財政政策を行い，「利子率が変わらなかった場合の均衡点における国民所得」と比較した時の差分に相当します．そこで，利子率 $r=30$ を式(3)に代入すれば，

$$30 = 112 - 0.25Y \quad \therefore Y = 328$$

クラウディング・アウト効果による減少分は，

$$328 - 312 = 16$$

となり，正しい選択肢は 3 となります．

---

**【問題 12.10（買いオペレーション）（国民所得の増加）】** ある国のマクロ経済が，次のように示されるとします．

$$Y = C + I + G$$
$$C = 60 + 0.6Y$$
$$I = 180 - 4r$$

$$\frac{M}{P} = L = 2Y - 10r$$

$Y$：国民所得，$C$：消費，$I$：投資，$G$：政府支出，$r$：利子率，
$M$：名目貨幣供給量，$P$：物価水準，$L$：貨幣需要

　ここで，政府支出が 120，名目貨幣供給量が 1,200，物価水準が 1 でこの国の財市場，貨幣市場はともに均衡しています．このとき，政府が政府支出を 50 増加させると同時に，中央銀行が 5 の買いオペレーションを行いました．貨幣乗数を 20 とするとき，新たな均衡における $Y$ の増加分を解答群から選びなさい．

    1．25　　　　2．50　　　　3．75　　　　4．100　　　　5．125

（国家公務員一般職試験 行政職）

---

**【解答】** 政府支出 $G$ が $G=120$ なので，**IS 曲線** の式は，

$$Y = C + I + G = 60 + 0.6Y + 180 - 4r + 120$$
$$\therefore r = 90 - 0.1Y \tag{1}$$

また，名目貨幣供給量 $M$ は $M=1{,}200$，物価水準 $P$ が $P=1$ なので，**LM 曲線** の式は，

$$\frac{M}{P} = L = 2Y - 10r$$

なので，

$$\frac{1{,}200}{1} = 2Y - 10r$$

ゆえに，

$$r = 0.2Y - 120 \tag{2}$$

式(1)と式(2)を等置すると，国民所得$Y$は，

$$90 - 0.1Y = 0.2Y - 120 \quad \therefore Y = 700$$

となります．

中央銀行が**買いオペレーション**をすると，財市場における通貨供給量が増加します．具体的には，**貨幣乗数**が20なので，買った分の20倍に相当する通貨供給量（$5 \times 20 = 100$）が増加することになります．したがって，名目貨幣供給量は1,200から1,300に増加したと考えます．一方，政府支出が50増加しているので，政府支出$G$が$G = 120 + 50 = 170$になった場合について，改めて，$IS$曲線と$LM$曲線の式を求めます．

$IS$曲線の式は，

$$Y = C + I + G = 60 + 0.6Y + 180 - 4r + 170$$
$$\therefore r = 102.5 - 0.1Y \tag{3}$$

また，名目貨幣供給量$M$は$M = 1,300$，物価水準$P$が$P = 1$なので，$LM$曲線の式は，

$$\frac{M}{P} = L = 2Y - 10r$$

なので，

$$\frac{1300}{1} = 2Y - 10r$$

ゆえに，

$$r = 0.2Y - 130 \tag{4}$$

式(3)と式(4)を等置すると，国民所得$Y$は，

$$102.5 - 0.1Y = 0.2Y - 130 \quad \therefore Y = 775$$

となります．

したがって，国民所得$Y$は，

$$\Delta Y = 775 - 700 = 75$$

だけ増加していますので，正しい選択肢は3となります．

【問題 12.11（*IS-LM* 分析）（流動性のわな）】縦軸に利子率，横軸に国民所得をとった *IS-LM* 分析に関する次の記述のうち，妥当なものを解答群から選びなさい．

1. 流動性のわなに陥っている経済では，財政政策は有効であるが，乗数効果が常に働かず，増加させた政府支出の規模の大きさだけしか，国民所得は増加しない．
2. 貨幣需要が利子率に対して無限に弾力的である場合，政府による公共投資を行っても民間投資を完全にクラウディング・アウトしてしまう．
3. 流動性のわなに陥っているとき，減税をした場合には国民所得を増加させることができるが，そのとき金利も低下して，民間投資も増加している．
4. 投資が利子率に対して無限に弾力的である場合，金融政策は無効となるため，有効な経済政策としては，財政政策のみとなる．
5. 右下がりの *IS* 曲線の左下の領域では，財市場において超過需要が生じており，右上がりの *LM* 曲線の左上の領域では，貨幣市場において超過供給が生じている．

（国家公務員一般職試験 行政職）

【解答】1＝×（流動性のわなの状態では，政府による公共投資や減税といった財政政策はきわめて有効です．ただし，流動性のわなに陥っている経済であっても，**乗数効果が常に働かないということはありません**），2＝×（「貨幣需要が利子率に対して無限に弾力的である場合」とは，利子が減ったら貨幣の需要が無限に増えることを意味しています．貨幣需要の利子弾力性が大きいと *LM* 曲線の傾きは緩やかに，小さいと急になることが知られています．それゆえ，**貨幣の需要が無限の場合，*LM* 曲線は水平になり，流動性のわなに陥っている**ことになります．流動性のわなに陥っている場合，*LM* 曲線は水平であるため，利子率は変わりませんので，民間の投資も締め出されることはありません．したがって，**クラウディング・アウトはまったく発生しません**），3＝×（**減税といった財政政策は，*IS* 曲線を右にシフト**させます．その結果，国民所得 *Y* は増加しますが，流動性のわなに陥っている場合は，*LM* 曲線が水平であるため，利子率は変わりませんので，金利が低下することはありません），4＝×（「投資が利子率に対して無限に弾力的」な場合では，利子率が少し下がっただけで投資が無限大になります．**投資が増えると国民所得が増えますので，*IS-LM* 分析における *IS* 曲線が水平となります．この時，政府による公共投資や減税といった財政政策によって *IS* 曲線を右にシフトさせても意味がありません**．この場合の有効な経済政策は，金利水準や貨幣供給量を変動させて景気を調整させる金融政策で，利子率も変わりません），5＝○（右下がりの *IS* 曲線において左下の領域とは，国民所得（＝国民生産）が利子率に比べて小さい領域です．生産が少ないので，超過需要が生じています．また，右上がりの *LM* 曲線において，左上の領域は利子率が高すぎる領域です．利子率が高ければ貨幣需要が低く，貨幣市場において超過供給が生じています）．

**【問題 12.12（*IS-LM*分析）】** 次の図Ⅰおよび図Ⅱは，2つの異なるモデルについて縦軸に利子率を，横軸に国民所得をとり，*IS*曲線と*LM*曲線を描いたものですが，それぞれの図に関する以下の記述において，文中の空所A〜Dに該当する語または語句の組合せとして，妥当なものを解答群から選びなさい．

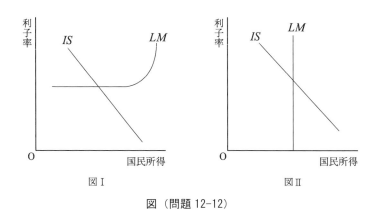

図（問題 12-12）

　図Ⅰのように，*LM*曲線が*IS*曲線と交わる部分で水平になる状況は「流動性のわな」といわれ，ケインズの流動性選好理論によれば，一定限度まで利子率が　A　することで貨幣需要の弾力性が　B　となるため，金融政策は無効である．

　図Ⅱのように，*LM*曲線が垂直になる状況では，政府支出を増加させると，国民所得は　C　が，利子率は　D　するという「100％クラウディング・アウト」が起こる．

| | A | B | C | D |
|---|---|---|---|---|
| 1. | 下落 | 無限大 | 変化しない | 上昇 |
| 2. | 下落 | 無限大 | 増加する | 下落 |
| 3. | 上昇 | 無限大 | 変化しない | 上昇 |
| 4. | 上昇 | ゼロ | 増加する | 下落 |
| 5. | 上昇 | ゼロ | 変化しない | 上昇 |

（東京都特別区職員Ⅰ類採用試験）

**【解答】** 以下の内容をしっかり覚えておけば，正しい選択肢は1とわかると思います．

①流動性のわなは一定限度まで**利子率が下落**するために起こり，**貨幣需要の弾力性が無限大**になるため（資産はすべて貨幣に回るため），**金融政策は**（貨幣供給量を増加させて*LM*曲線を右に移動させても交点は変わらないので）**無効**です．

②*LM*曲線が垂直になる状況では，政府支出を増加させると（*IS*曲線を上に移動させても），**国民所得は変化せず**，**利子率は上昇**して民間投資を減少させてしまう現象である「**100％クラウディング・アウト**」が起こります．

【問題 12.13（マンデル＝フレミングモデル）】図（問題 12-13）は，点 E を自国の政策が発動される前の均衡点とし，資本移動が完全である場合のマンデル＝フレミングモデルを表したものですが，これに関する記述として，妥当なものを解答群から選びなさい．ただし，このモデルにおいては，世界利子率に影響を与えることはない小国を仮定し，世界利子率は$r_w$で定まっているものとし，物価は一定とします．

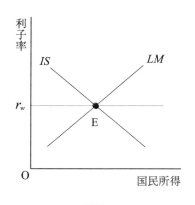

図（問題 12-13）

1. 変動為替相場制のもとで，金融緩和政策がとられると，*LM* 曲線が右にシフトし国内利子率が下落するので，資本流出が起こり，為替レートの減価により輸出が拡大し，需要が増加し*IS* 曲線が右にシフトする．

2. 変動為替相場制のもとで，拡張的な財政政策がとられると，*IS* 曲線が右にシフトし国内利子率が上昇するので，資本流出が起こり，貨幣供給量が増大するため，*LM* 曲線が右にシフトする．

3. 変動為替相場制のもとで，金融緩和政策がとられると，*LM* 曲線が右にシフトし国内利子率が下落するので，資本流出が起こり，為替レートの増価により輸入が拡大し，需要が増加し*IS* 曲線が右にシフトする．

4. 固定為替相場制のもとで，金融緩和政策がとられると，*LM* 曲線が右にシフトし国内利子率が下落するので，資本流出が起こり，貨幣供給量が増大するため，*IS* 曲線が右にシフトする．

5. 固定為替相場制のもとで，拡張的な財政政策がとられると，*IS* 曲線が右にシフトし国内利子率が上昇するので，資本流出が起こり，貨幣供給量が減少するため，*LM* 曲線が左にシフトする．

（東京都特別区職員Ⅰ類採用試験）

【解答】金融緩和政策（政策金利を引き下げたり，資金供給量を増やしたりする政策）をとると，

①*LM* 曲線は右に移動し，利子率は低下します．

②その結果，資本流出が起こり，自国通貨に対して減価圧力が生じます．

③変動相場制であれば，為替レートは減価します（選択肢3は誤）．

④固定相場制では減価圧力に対処するために，金融引き締め政策（マネーストックを減少させる政策）を取るので，*LM* 曲線は左に移動します（選択肢4は誤）．

　**財政政策（財政支出の増加）**をとると，

①*IS* 曲線は右に移動し，利子率は上昇します．

②その結果，資本流入が起こり，自国通貨に対して増加圧力が生じます（資本流出が起こるとした選択肢2と選択肢5は誤）．

　したがって，正しい選択肢は1とわかります．

# 第13章

# 貿易収支と為替レート

●貿易収支

**貿易収支**とは，国の輸出額から輸入額を差し引いたものです．

●為替レート

**為替レート**は，通常の外国為替の取引における外貨との交換比率（交換レート）のことです．

---

**【問題 13.1（貿易収支）（政府支出）】** マクロ経済が

$$Y = C + I + G + E - M$$
$$C = 0.7Y + 30$$
$$M = 0.2Y + 20$$

ここに，$Y$：国民所得，$C$：消費，$I$：投資，$G$：政府支出，$E$：輸出，$M$：輸入で示され，当初，投資が 60，政府支出が 50，輸出が 130 でした．政府支出を倍増させた場合，貿易収支（$= E - M$）はどのように変化するのか解答群から選びなさい．ただし，投資および輸出は当初の水準から変化しないものとします．

1. 当初は赤字であり，政府支出を倍増させた後は赤字がさらに増える．
2. 当初は赤字であるが，政府支出を倍増させた後は黒字となる．
3. 政府支出の倍増の前後で貿易収支は変化しない．
4. 当初は黒字であるが，政府支出を倍増させた後は赤字となる．
5. 当初は黒字であり，政府支出を倍増させた後は黒字がさらに増える．

（国家公務員一般職試験 行政職）

---

**【解答】** 国民所得 $Y$ は，$I = 60$，$G = 50$，$E = 130$ に留意すれば，

$$Y = C + I + G + E - M = 0.7Y + 30 + 60 + 50 + 130 - (0.2Y + 20)$$
$$\therefore Y = 500$$

それゆえ，この場合の貿易収支（$= E - M$）は，

$$E - M = E - (0.2Y + 20) = 130 - (0.2 \times 500 + 20) = 10$$

となって黒字です．よって，答えは 4 か 5 のいずれかです．

政府支出を倍増させた場合は，$G=100$ なので，

$$Y=C+I+G+E-M=0.7Y+30+60+100+130-(0.2Y+20)$$

$$\therefore Y=600$$

それゆえ，この場合の貿易収支（$=E-M$）は，

$$E-M=E-(0.2Y+20)=130-(0.2\times600+20)=-10$$

となって赤字です．

したがって，正しい選択肢は 4 となります．

---

**【問題 13.2（貿易収支）（政府支出）】** ある国の経済において，マクロ経済モデルが次のように表されているとします．

$$Y=C+I+G+X-M$$
$$C=0.4Y+8$$
$$I=16$$
$$G=52$$
$$X=60$$
$$M=0.4Y+20$$

$Y$：国民所得，$C$：民間消費，$I$：民間投資，$G$：政府支出，$X$：輸出，$M$：輸入

このモデルにおいて，貿易収支を均衡させるために必要となる政府支出 G の変化に関する記述として，妥当なものを解答群から選びなさい．

1. 政府支出を 12 減少させる．
2. 政府支出を 16 減少させる．
3. 政府支出を 20 減少させる．
4. 政府支出を 24 増加させる．
5. 政府支出を 28 増加させる．

（東京都特別区職員 I 類採用試験）

---

**【解答】** 貿易収支を均衡させますので，

$$輸出\,X=輸入\,M$$

の関係が成立します．よって，

$$60=0.4Y+20 \quad \therefore Y=100 \tag{1}$$

国民所得 $Y$ に関する式である，

$$Y=C+I+G+X-M$$

を変形すれば，

$$Y = 0.4Y + 8 + 16 + G + 60 - (0.4Y + 20) \quad \therefore Y = 64 + G \tag{2}$$

式(2)に式(1)を代入すれば,

$$100 = 64 + G \quad \therefore G = 36$$

当初の政府支出 $G$ は 52 でしたので, 政府支出を 16 だけ減少させます.

　したがって, 正しい選択肢は 2 となります.

---

**【問題 13.3（為替レート）】** ある小国の経済は変動相場制を採用しており, 次のように示されているとします.

$$Y = C + I + CA$$
$$CA = 10 + 2e - 0.2Y$$
$$C = 10 + 0.8Y$$
$$I = \frac{1}{i}$$
$$M = 2Y + \frac{4}{i}$$

　$Y$：国民所得, $C$：消費, $I$：投資, $CA$：経常収支, $e$：為替レート
　$i$：国内利子率, $M$：貨幣供給量

　国家間の資本移動が完全であり, 世界利子率が 0.02 であるとします. さらに, $M = 1{,}800$ とします. このときの為替レート $e$ を解答群から選びなさい.

　　1. 100　　　2. 110　　　3. 115　　　4. 120　　　5. 125

（国家公務員一般職試験 行政職）

---

**【解答】** 国家間の資本移動が完全であり, 世界利子率が 0.02 であれば,

$$国内利子率＝世界利子率=0.02$$

となります. このことを理解した上で, 与えられた式を変形していけば,

$$Y = C + I + CA = 10 + 0.8Y + \frac{1}{i} + 10 + 2e - 0.2Y$$

$$\therefore 0.4Y = 20 + \frac{1}{0.02} + 2e = 70 + 2e \tag{1}$$

一方, 貨幣供給量 $M = 1{,}800$ と国内利子率 $i = 0.02$ を

$$M = 2Y + \frac{4}{i}$$

に代入すれば,

$$1{,}800 = 2Y + \frac{4}{0.02} \quad \therefore Y = 800 \tag{2}$$

式(1)と式(2)から，

$$0.4 \times 800 = 70 + 2e \quad \therefore e = 125$$

したがって，正しい選択肢は 5 となります．

# 第 14 章

# フィリップス曲線

## ●名目賃金

**名目賃金**とは，貨幣額で示された賃金を指します．したがって，賃金の額面そのものが名目賃金であり，賃金額が 30 万円であれば名目賃金も 30 万円となります．

## ●実質賃金

名目賃金に対して物価上昇率の影響を差し引いて，実質的な賃金価値を示したものが**実質賃金**です．

## ●労働の限界生産性（MPL：Marginal Product of Labor）

**労働の限界生産性**とは，労働者を追加で 1 人採用したときに，追加的に増える生産量のことをいいます．

参考までに，労働者をより多く雇えば生産量は増えますが，追加して増やした労働者によって生み出される追加的に増える生産量は，労働者が増えるにつれて少なくなっていきます．

## ●フィリップス曲線

**フィリップス曲線**とは，失業率 $u$（横軸）と名目賃金上昇率 $\Delta w / w$（縦軸）の関係を表したグラフのことです．

**短期フィリップス曲線**は，図 14-1 に示すように右下がりの曲線になります．理由は，失業率が高い時には，賃金は低くても働きたい人が多い状態であるため，名目賃金は上昇しません．一方，失業率が低い時には景気が良い状態でもあり，名目賃金が上昇するからです．

グラフ上で，$u*$ を**自然失業率水準**といいます．この時，名目賃金上昇率はゼロとなっており，自然失業率水準 $u*$ の時に**完全雇用**であるといいます．なお，完全雇用なのに失業率 $u*$ がある理由は，より高い待遇を求めて求職活動を続ける人や，選り好みをして職を探し続ける人など経済状況の良し悪しにかかわらず，職についていない人たちがいるからです．このように，労働者が新たに就職や転職をしようとする際の職探しの期間に生じる失業を，**摩擦的失業**といいます．

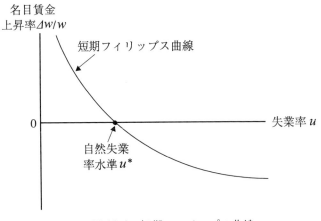

図14-1　短期フィリップス曲線

　ちなみに，名目賃金上昇率$\Delta w / w$と物価上昇率$\Delta P / P$は同じと仮定すれば，同様に右下がりの曲線となりますが，物価上昇率と失業率との関係を表した曲線を**物価版フィリップス曲線**といいます．

## ●自然失業率仮説

　**自然失業説仮説**はフリードマンが提唱した仮説で，長期均衡における失業率はインフレ率によって影響されないという仮説です．自然失業率仮説の本質は，「長期的には失業率を自然失業率以下に下げられない」というものです．

## ●合理的期待形成仮説

　**合理的期待形成仮説**とは，市場経済を構成する個別的な経済主体（個人）が，現時点で入手できるすべての情報を駆使して，最も合理的・効率的に将来を予測するという仮説のことです．合理的な期待にもとづいて人々が行動するかぎり，裁量的な財政・金融政策の有効性が否定されるというのが**合理的期待形成論**です．

---

**【問題 14.1（フィリップス曲線）（失業率）】** 名目賃金の上昇率を $g_w$，失業率を $U$，自然失業率を $U^N$ とするとき，以下の賃金版フィリップス曲線が成立しているとします．

$$g_w = -0.5(U - U^N)$$

また，名目賃金を $W$，物価水準を $P$，労働の限界生産性を $\mu$ とするとき，以下の関係が成立しているとします．

$$\frac{W}{P} = \mu$$

いま，労働の限界生産性の値は 2 で一定とします．自然失業率が 7%，物価上昇率が 1% の場合における失業率を解答群から選びなさい．

　　　1.　1%　　　　2.　2%　　　　3.　3%　　　　4.　4%　　　　5.　5%

（国家公務員一般職試験　行政職）

---

**【解答】** 問題文に「自然失業率」と「物価上昇率」と記載されていることをヒントに，

$$\frac{W}{P} = \mu$$

の変化率の式[1]を求めれば，

$$\frac{\Delta W}{W} - \frac{\Delta P}{P} = \frac{\Delta \mu}{\mu} \tag{1}$$

ここに，**労働の限界生産性 $\mu$** の値は 2 で一定ですので，変化率は $\Delta \mu / \mu = 0$ です．また，$\Delta P / P = 1\%$ なので，式(1)は，

$$\frac{\Delta W}{W} - 1 = 0 \quad \therefore \frac{\Delta W}{W} = 1 \quad （\Delta W / W は名目賃金の変化率）$$

この値は名目賃金の上昇率 $g_w$ に等しく，また，自然失業率 $U^N$ は 7% なので，賃金版フィリップス曲線は，

$$1 = -0.5(U - 7) \quad \therefore U = 5\%$$

となり，正しい選択肢は 5 となります．

---

1) ある変数 $Z$ が別の 2 つの変数（$X$ と $Y$）の割り算として，$Z = \dfrac{X}{Y}$ のように定義されている場合，変化率の式は，$\dfrac{\Delta Z}{Z} = \dfrac{\Delta X}{X} - \dfrac{\Delta Y}{Y}$ になります（第 17 章を参照）．

---

【問題 14.2（フィリップス曲線）（物価上昇率）】名目賃金 $W$ と物価水準 $P$ の間には，次のような関係が成立しているとします．

$$W = P \times \mu$$

ただし，$\mu$ は労働の限界生産性です．また，フィリップス曲線が次のように与えられています．

$$g_w = -\frac{1}{2}\left(U - U^N\right)$$

ここで，$g_w$ は名目賃金上昇率，$U$ は失業率，$U^N$ は自然失業率です．

いま，自然失業率が5％，労働の限界生産性の上昇率が0.5％で一定であるとします．このとき，失業率が3％となるための物価上昇率を解答群から選びなさい．

    1.　-0.5%　　　2.　0%　　　3.　0.5%　　　4.　1.0%　　　5.　1.5%

（国家公務員一般職試験 行政職）

---

【解答】自然失業率 $U^N$ が5％で一定ですので，失業率 $U$ が3％になるときの名目賃金上昇率 $g_w$ は，

$$g_w = -\frac{1}{2}\left(3 - 5\right) = 1 \tag{1}$$

上昇率に着目すると

$$W = P \times \mu$$

より，**変化率の式** [2] は，

$$\frac{\Delta W}{W} = \frac{\Delta P}{P} + \frac{\Delta \mu}{\mu}$$

上式の左辺 $\dfrac{\Delta W}{W}$ は**名目賃金上昇率** $g_w$ であり，式(1)で求めたように $g_w = 1$ です．また，右辺の $\dfrac{\Delta \mu}{\mu}$ は**労働の限界生産性** $\mu$ **の上昇率**である0.5％であり，$\dfrac{\Delta \mu}{\mu} = 0.5$ です．

したがって，**物価上昇率** $\dfrac{\Delta P}{P}$（求める答え）は，

$$\frac{\Delta P}{P} = \frac{\Delta W}{W} - \frac{\Delta \mu}{\mu} = 1 - 0.5 = 0.5$$

となり，正しい選択肢は3となります．

---

2) ある変数 $Z$ が別の2つの変数（$X$ と $Y$）のかけ算として，$Z = X \times Y$ のように定義されている場合，変化率の式は，$\dfrac{\Delta Z}{Z} = \dfrac{\Delta X}{X} + \dfrac{\Delta Y}{Y}$ になります（第17章を参照）．

【**問題 14.3（均衡失業率）**】ある経済において，労働力人口は $\overline{L}$ で一定とします．また，雇用者数を $E$，失業者数を $U$ とすると，以下の関係が成立しています．

$$\overline{L} = E + U$$

いま，一定期間中に雇用者のうち，$s$ の割合が離職して失業者になります．また，同じ期間中に失業者のうち，$f$ の割合が就職して雇用者になります．

ここで，失業率が時間を通じて変化しない場合，その失業率を「均衡失業率」と呼びます．$s$ が $0.02$，$f$ が $0.08$ であり，それぞれ一定とするとき，均衡失業率を解答群から選びなさい．

　　　　1. 2%　　　2. 6%　　　3. 10%　　　4. 20%　　　5. 25%

（国家公務員一般職試験　行政職）

【**解答**】「失業率は $U/\overline{L}$（労働力人口は $\overline{L}$ で一定）で，時間を通じて変化しないとすれば，失業者数 $U$ も一定で変化しない」ことを理解できれば，これは簡単な数学の問題として解くことができます．

$s$ が $0.02$，$f$ が $0.08$ の場合，

$$失業者数 = sE + (1-f)U = 0.02E + (1-0.08)U$$

で，これが失業者数 $U$ に等しいので，

$$U = 0.02E + (1-0.08)U \quad \therefore\ 0.08U = 0.02E \quad \rightarrow \quad E = 4U$$

したがって，均衡失業率は，

$$\frac{U}{\overline{L}} = \frac{U}{E+U} = \frac{U}{4U+U} = \frac{U}{5U} = 0.2 = 20\%$$

となり，正しい選択肢は 4 となります．

【問題 14.4（インフレーション）（失業）】インフレーションと失業に関する記述として，正しいものを解答群から選びなさい.

1. フィリップスは，イギリス経済の100年近い長期にわたるデータにもとづき，実質賃金の変化率と失業率の間にトレードオフ関係が成立することを発見した.
2. オークンは，アメリカ経済における失業率と実質国民所得の間の法則を発見し，失業率と実質国民所得には，正の相関関係があることを示した.
3. 自然失業率とは，労働市場において需要と供給が一致する状況でも依然として存在する失業率であり，自然失業率のもとでの失業には，摩擦的失業がある.
4. 自然失業率仮説によれば，短期フィリップス曲線は，失業率が自然失業率に等しくなる水準で垂直となり，短期的に，自然失業率以下に失業率を低下させることはできない.
5. 合理的期待形成仮説によれば，各経済主体が利用可能な情報は浪費することなくすべて利用して期待を形成し，政策効果の先行きを正確に理解しているため，財政政策は効果があり，失業率が低下する.

（東京都特別区職員Ⅰ類採用試験）

【解答】以下に解説したように，正しい選択肢は 3 となります.

選択肢 1：×

実質賃金ではなく，正しくは「名目賃金の変化率と失業率の間にトレードオフ関係が成立する」です. ちなみに，トレードオフとは，「一方を尊重すれば，もう一方が成り立たない状態」のことです.

選択肢 2：×

失業率が上昇すると実質国民所得は減少します. それゆえ，「正の相関関係がある」が間違いで，正しくは「負の相関関係がある」です.

選択肢 3：○

記述の通り，「**自然失業率**とは，労働市場において需要と供給が一致する状況でも依然として存在する失業率」であり，自然失業率のもとでの失業には**摩擦的失業**（労働者が新たに就職や転職しようとする際の職探しの期間に生じる失業）があります.

選択肢 4：×

**自然失業率仮説**は，長期均衡における失業率はインフレ率によって影響されないという仮説です. 正しくは「短期フィリップス曲線」ではなく「長期フィリップス曲線」，「短期的に」ではなく「長期的に」です.

選択肢 5：×

合理的な期待にもとづいて人々が行動するかぎり，裁量的な財政・金融政策の有効性が否定されるというのが**合理的期待形成論**です.「財政政策は効果があり，失業率が低下する」ではなく，正しくは「財政政策は効果がなく，失業率が変化しない」です.

# 第15章

# インフレ・ギャップとデフレ・ギャップ

## ●45度線分析

**45度線分析**は，図15-1に示した45度線（縦軸に総需要・総供給，横軸に国民所得をとったグラフ）で，一国の経済（財市場の均衡）を分析するものです．

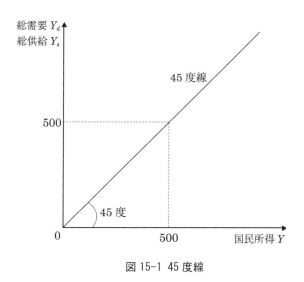

図15-1 45度線

## ●完全雇用 GDP

働きたいと考えている人全員を雇うのに十分な GDP（国内総生産；Gross Domestic Product の略語）の水準を，**完全雇用 GDP**（潜在 GDP）といいます．

## ●需給ギャップ（GDP ギャップ）

マクロ経済学では，完全雇用（失業者ゼロ）の達成が一つの政策目標として掲げられています．この完全雇用が達成されたときの国民所得（GDP）の水準を**完全雇用国民所得**といいます．しかしながら，現実の世界では，完全雇用が達成されておらず，現在の国民所得の水準 $Y^*$ と完全雇用国民所得の水準 $Y_F$ に差（**GDP ギャップ**）が生じています．他方で，総需要と総供給との間にも差（ギャップ）が発生していますが，これを**インフレ・ギャップ**または**デフレ・ギャップ**といいます．

## ●インフレ・ギャップ

インフレ・ギャップは，現在の均衡国民所得$Y^*$が完全雇用国民所得$Y_F$よりも大きいときに発生します．需要が大きく，商品が不足している状態だとモノの値段は上昇しますので，インフレが発生します．このようなことから，図 15-2 に示したような**超過需要のことをインフレ・ギャップ**と呼んでいます．

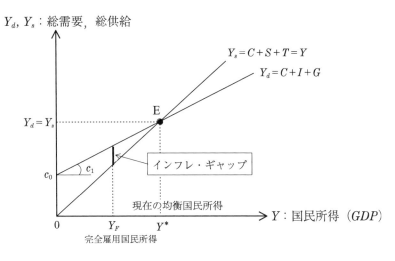

図 15-2 インフレ・ギャップ

## ●デフレ・ギャップ

デフレ・ギャップは，現在の均衡国民所得$Y^*$が完全雇用国民所得$Y_F$よりも小さいときに発生します．このとき，財市場では総需要よりも総供給の方が大きく，モノ余りが発生しています．商品が余っている状態だとモノの値段は下落しますので，デフレが発生します．それゆえ，図 15-3 に示したような**超過供給のことをデフレ・ギャップ**と呼んでいます．

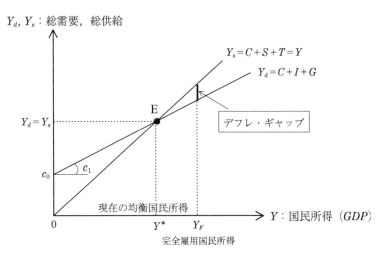

図 15-3 デフレ・ギャップ

【問題 15.1（45 度線分析）（需給ギャップ）】45 度線分析の枠組みで考えます．ある国の
マクロ経済の体系が，次のように示されているとします．

$$Y = C + I + G$$
$$C = 60 + 0.75Y$$

$Y$：国民所得，　$C$：消費，　$I$：投資，　$G$：政府支出

　この経済の完全雇用国民所得が 1,040，$I = 90$，$G = 100$ であるとき，経済の需給ギャッ
プに関する次の記述のうち，妥当なものを解答群から選びなさい．

1. 10 のインフレ・ギャップが存在している．
2. 10 のデフレ・ギャップが存在している．
3. 20 のインフレ・ギャップが存在している．
4. 20 のデフレ・ギャップが存在している．
5. 40 のデフレ・ギャップが存在している．

（国家公務員一般職試験　行政職）

【解答】与えられた式を変形すれば，

$$Y = C + I + G = 60 + 0.75Y + I + G = 60 + 0.75Y + 90 + 100$$
$$\therefore Y = 0.75Y + 250$$

45 度線分析の枠組みで考えますので，左辺の $Y$ を総需要 $Y_D$ と置きます．

$$Y_D = 0.75Y + 250 \tag{1}$$

縦軸に $Y_D$，横軸に国民所得 $Y$ をとって，式(1)と 45 度線（$Y_D = Y$）を描けば解図 1（問題 15-1）
のようになります．

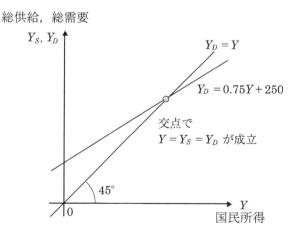

解図 1（問題 15-1）

45 度線との交点を求めるために，式(1)において $Y_D = Y$ と置けば，

$$Y = 0.75Y + 250 \quad \therefore Y = 1,000$$

となって，均衡国民所得は1,000であることがわかります．

完全雇用国民所得は1,040なので，式(1)の右辺に $Y = 1,040$ を代入すれば，完全雇用国民所得に対応する総需要は，

$$Y_D = 0.75Y + 250 = 0.75 \times 1,040 + 250 = 1,030$$

となります．一方，$Y = 1,040$ に対応する 45 度線上の総需要は 1,040 ですので，解図 2（問題 15-1）のような関係を描くことができます．

したがって，デフレ・ギャップは 1,040-1,030=10 となり，正しい選択肢は 2 となります．

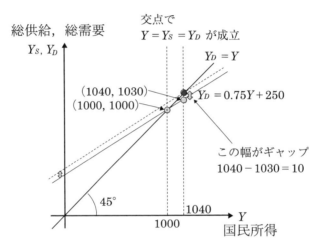

解図 2（問題 15-1）

【問題 15.2（完全雇用国民所得）】図（問題 15-2）は，縦軸に消費 $C$，投資 $I$ および政府支出 $G$ を，横軸に国民所得 $Y$ をとり，完全雇用国民所得を $Y_0$，総需要 $D$ が $D = C + I + G$，総供給が $Y_s$ のときの均衡国民所得を $Y_1$ で表したものです．

いま，

$$Y_0 = 300, \quad C = 40 + 0.4Y, \quad I = 20, \quad G = 60$$

であるとき，$Y_0$ に関する記述として，妥当なものを解答群から選びなさい．

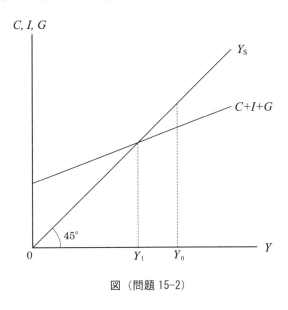

図（問題 15-2）

1.　$Y_0$ では，インフレ・ギャップが生じているため，政府支出を 40 減少させれば，完全雇用国民所得が実現される．

2.　$Y_0$ では，インフレ・ギャップが生じているため，政府支出を 60 増加させれば，超過需要が解消される．

3.　$Y_0$ では，デフレ・ギャップが生じているため，政府支出を 40 減少させれば，超過供給が解消される．

4.　$Y_0$ では，デフレ・ギャップが生じているため，政府支出を 60 増加させれば，完全雇用国民所得が実現される．

5.　$Y_0$ では，デフレ・ギャップが生じているため，政府支出を 80 増加させれば，完全雇用国民所得が実現される．

（東京都特別区職員 I 類採用試験）

【解答】「均衡国民所得 $Y_1 <$ 完全雇用国民所得 $Y_0$」となっていますので，$Y_0$ では**デフレ・ギャップ**が生じています．それゆえ，正解は 3，4，5 のいずれかです．そこで，デフレ・ギャップの大きさを求めることにします．

$Y_0 = 300$ に対応する総供給 $Y_s$ は，直線の角度が 45° であることから，$Y_s = 300$ です．一方，

総需要 $D$ は,

$$D = C + I + G = 40 + 0.4Y + 20 + 60 = 40 + 0.4 \times 300 + 20 + 60 = 240$$

ですので,

$$デフレ・ギャップ = 300 - 240 = 60$$

となります.

　したがって, 正しい選択肢は 4 となります.

---

**【問題 15.3（45 度線分析）（均衡国民所得）】** 45 度線分析の枠組みで考えます. ある国の
マクロ経済が, 次のように示されているとします.

$$Y = C + I + G$$
$$C = 20 + 0.6(Y - T)$$
$$T = 0.2Y$$

　　$Y$：国民所得, $C$：消費, $I$：投資, $G$：政府支出, $T$：税収

ここで, $I = 100$, $G = 140$ であるとします.

　いま, この経済のデフレ・ギャップが 26 であるとき, 現在の均衡国民所得は, 完全雇
用国民所得と比べて, どれだけ下回っているか解答群から選びなさい.

| | | | | |
|---|---|---|---|---|
| 1.　30 | 2.　40 | 3.　50 | 4.　60 | 5.　70 |

（国家公務員一般職試験 行政職）

---

**【解答】** 与えられた式を変形すれば,

$$Y = C + I + G = 20 + 0.6(Y - 0.2Y) + I + G = 20 + 0.48Y + 100 + 140 = 0.48Y + 260$$

**45 度線分析**の枠組みで考えますので, 左辺の $Y$ を総需要 $Y_D$ と置きます.

$$Y_D = 0.48Y + 260 \tag{1}$$

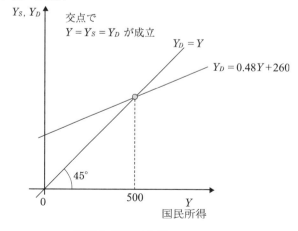

解図 1（問題 15-3）

　縦軸に総需要$Y_D$，横軸に国民所得$Y$をとって，式(1)と 45 度線を描けば解図 1（問題 15-3）のようになります．交点を求めれば，

$$Y = 0.48Y + 260 \quad \therefore Y = 500$$

となり，これから現在の**均衡国民所得**が 500 であることがわかります．

　デフレ・ギャップが 26 ですので，解図 2（問題 15-3）からわかるように，式(1)のグラフを上に 26 だけ上げた時の交点が，完全雇用所得を表します．式(1)のグラフを 26 だけ上げれば，

$$Y_D = 0.48Y + 260 + 26 = 0.48Y + 286$$

そこで，45 度線との交点の座標を求めれば，

$$Y = 0.48Y + 286 \quad \therefore Y = 550$$

それゆえ，現在の均衡国民所得は，

$$550 - 500 = 50$$

だけ完全雇用国民所得を下回っていることがわかります．

　したがって，正しい選択肢は 3 となります．

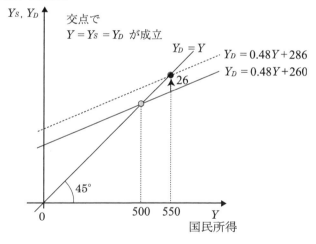

解図 2（問題 15-3）

【問題 15.4（インフレ率の変化）（所得の変化）】以下のような閉鎖経済のモデルを考えます.

$$Y = C + I + G$$
$$C = 10 + 0.5Y$$
$$I = 15 - r$$

（$Y$：国民所得，$C$：消費，$I$：投資，$G$：政府支出，$r$：実質利子率）

財政当局は，政府支出を$G = 5$としています. 中央銀行は，以下のテイラー・ルールにしたがって，名目利子率$i$を設定しています.

$$i = 1.5(\pi - \pi^*) + 0.5(Y - Y^*) + 4$$

ここで，$\pi$はインフレ率，$\pi^*$は目標インフレ率，$Y^*$は完全雇用GDP，$Y - Y^*$はGDPギャップです.

また, 実質利子率$r$と名目利子率$i$の間には, 以下のフィッシャー方程式が成立しています.

$$i = r + \pi$$

当初，$\pi = 0$，$\pi^* = 2$，$Y^* = 56$でした. このとき，インフレ率が$\pi = 2$に上昇すると，国民所得はいくら減少するのか解答群から選びなさい. ただし，政府支出，目標インフレ率，完全雇用GDPは変化しないものとします.

   1. 0   2. 1   3. 2   4. 3   5. 4

（国家公務員一般職試験 行政職）

【解答】テイラー・ルールやフィッシャー方程式は問題文に与えられていますので，これらの知識がなくても数学の問題として解くことができます.

国民所得$Y$の式は，

$$Y = C + I + G = 10 + 0.5Y + 15 - r + G$$

$$\therefore 0.5Y = 25 - r + 5 = 30 - r \quad \rightarrow \quad r = 30 - 0.5Y \tag{1}$$

フィッシャー方程式が成立していますので，名目利子率$i$の式は，

$$i = r + \pi = 1.5(\pi - \pi^*) + 0.5(Y - Y^*) + 4 \tag{2}$$

式(2)の当初（$\pi = 0$，$\pi^* = 2$，$Y^* = 56$）は，

$$r + 0 = 1.5(0 - 2) + 0.5(Y - 56) + 4 \quad \therefore r = 0.5Y - 27 \tag{3}$$

式(1)と式(3)から，

$$30 - 0.5Y = 0.5Y - 27 \quad \therefore Y = 57$$

インフレ率が$\pi = 2$に上昇すると，

$$r + 2 = 1.5(2 - 2) + 0.5(Y - 56) + 4 \quad \therefore r = 0.5Y - 26 \tag{4}$$

式(1)と式(4)から，

$$30 - 0.5Y = 0.5Y - 26 \quad \therefore Y = 56$$

したがって，

$$Y = 56 - 57 = -1 \quad （1 だけ減少）$$

となり，正しい選択肢は 2 となります．

# 第 16 章

---

# 古典派の第一公準

## ●古典派の第一公準

古典派の第一公準は，労働の需要（企業がどれだけ従業員を雇うか）に関する考え方で，

$$\text{「一国の労働投入量は，} \quad MPL = \frac{w}{P} \text{という水準で決定される」}$$

という考え方です．ここに，$MPL$(Marginal Product of Labor)は**労働の限界生産性**のことであり，「**労働を一単位追加的に投入した時にどれだけ生産量が増加するか**」ということを表しています．また，$w/P$は実質賃金率で，名目賃金率$w$（一定期間に労働者を雇った時に労働一単位あたりどれだけの賃金を支払うか）を物価水準$P$で割ったものです．

古典派の第一公準については，経済における労働市場は，企業の利潤最大化行動から導出でき，

$$MPL = \frac{w}{P} \quad \left(\text{労働の限界生産性} = \frac{\text{名目賃金率}}{\text{物価}} = \text{実質賃金率}\right)$$

の時に利潤が最大となり，労働雇用量が決定されると理解しても構いません．

## ●古典派の第二公準

古典派の第二公準は，労働の供給（従業員がどれだけ働くか）に関する考え方で，

$$\text{「一国の労働供給量は，} \quad MDU = \frac{w}{P} \text{という水準で決定される」}$$

という考え方になります．ここに，$MDU$(Marginal Disutility)は**限界不効用**のことであり，「**労働供給を一単位増加させたときにどれだけ不効用（不満足度）が増加するか**」ということを表しています．

古典派の第二公準については，効用が最大になる

$$MDU = \frac{w}{P} \quad \left(\text{限界不効用} = \frac{\text{名目賃金率}}{\text{物価}} = \text{実質賃金率}\right)$$

のところで，労働供給量が決定されると理解しても構いません[1]．

---

1) 1時間働くことによる不満足（限界不効用）よりも実質賃金率が大きいかぎり，労働時間を増やし続けますが，「限界不効用＝実質賃金率」となった時点で労働をやめて労働供給量が決まることになります．

【問題 16.1（古典派の第一公準）（総供給曲線）】ある経済の生産関数が

$$Y = 2\sqrt{N}$$

（$Y$：総生産量，$N$：雇用量）

で与えられているものとします．いま，名目賃金率 $W$ が4で一定であり，雇用量が労働需要曲線上で決定されているものとします．

　このとき，この経済の総供給関数として妥当なものを解答群から選びなさい．ただし，古典派の第一公準は満たされており，$P$ は物価水準を表すものとします．

　　1．$Y = 8P$　　　2．$Y = 2P$　　　3．$Y = P$　　　4．$Y = P/2$　　　5．$Y = P/8$

（国家公務員一般職試験 行政職）

【解答】経済における労働市場は，企業の利潤最大化行動から導出でき，

$$MPL = \frac{w}{P} \quad \left( 労働の限界生産性 = \frac{名目賃金率}{物価} \right)$$

の時に，利潤が最大となり，労働雇用量が決定されるという内容が**古典派の第一公準**です．

　そこで，まず，**限界生産性**を求めることにします．生産関数が

$$Y = 2\sqrt{N} = 2N^{\frac{1}{2}} \quad （Y：総生産量，N：雇用量）$$

なので，$N$ で微分すれば，

$$\frac{dY}{dN} = 2 \times \frac{1}{2} \times N^{\frac{1}{2}-1} = \frac{1}{\sqrt{N}}$$

古典派の第一公準は満たされていることから，

$$\frac{1}{\sqrt{N}} = \frac{4}{P} \quad （\because 名目賃金率 w が 4）$$

$Y = 2\sqrt{N}$ を変形した $\sqrt{N} = Y/2$ を上式に代入すれば，

$$\frac{1}{\frac{Y}{2}} = \frac{4}{P} \quad \therefore Y = \frac{P}{2}$$

　したがって，正しい選択肢は 4 となります．

# 第 17 章

# 経済成長理論

## ●変化率の公式

(1) $Z = X \times Y$ の場合

　ある変数 $Z$ が別の 2 つの変数（$X$ と $Y$）の積（掛け算）として

$$Z = X \times Y$$

のように定義されている場合，変化率の式は，

$$Z \text{の変化率} = X \text{の変化率} + Y \text{の変化率}$$

すなわち，

$$\frac{\Delta Z}{Z} = \frac{\Delta X}{X} + \frac{\Delta Y}{Y}$$

のように，「もとの変数が掛け算なら変化率は足し算」となります.

(2) $Z = \dfrac{X}{Y}$ の場合

　ある変数 $Z$ が別の 2 つの変数（$X$ と $Y$）の割り算として，

$$Z = \frac{X}{Y}$$

のように定義されている場合，変化率の式は，

$$Z \text{の変化率} = X \text{の変化率} - Y \text{の変化率}$$

すなわち，

$$\frac{\Delta Z}{Z} = \frac{\Delta X}{X} - \frac{\Delta Y}{Y} \quad \text{1)}$$

のように，「もとの変数が割り算なら変化率は引き算」となります.

---

1) $Z = \dfrac{X}{Y}$ を対数表示すると

$$log_e Z = log_e \frac{X}{Y} = log_e X - log_e Y$$

両辺を $t$ で微分すれば，

$$\frac{1}{Z}\frac{dZ}{dt} = \frac{1}{X}\frac{dX}{dt} - \frac{1}{Y}\frac{dY}{dt} \rightarrow \frac{\Delta Z}{Z} = \frac{\Delta X}{X} - \frac{\Delta Y}{Y}$$

となります.

(3)　$Z = W^o X^n Y^m$ の場合

　ある変数 $Z$ が

$$Z = W^o X^n Y^m$$

のように定義されている場合，変化率の式は，

$$\frac{\Delta Z}{Z} = o\frac{\Delta W}{W} + n\frac{\Delta X}{X} + m\frac{\Delta Y}{Y}$$

のようになります.

## ●労働生産性

　「従業員1人あたり，または1時間あたりに生み出す成果」を表した指標が**労働生産性**です.

## ●成長会計の公式

　生産量を $Y$ （=国民所得），資本投入量（資本ストック量）を $K$ [2]，労働投入量を $L$ （Labor input）としたとき，**成長会計の生産関数**は以下のようになります.

$$Y = AK^\alpha L^{1-\alpha}, \quad 0 < \alpha < 1$$

ここに，$A$ は生産技術の水準を表し，**全要素生産性**（あるいはソロー残差）ともいいます.
また，この生産関数は**コブ・ダグラス型**と呼ばれています.

　上式に変化率の公式を適用すると，

$$\frac{\Delta Y}{Y} = 1 \times \frac{\Delta A}{A} + \alpha \times \frac{\Delta K}{K} + (1-\alpha) \times \frac{\Delta L}{L} \tag{17.1}$$

ここに，**$\Delta Y / Y$ は経済成長率**，**$\Delta A / A$ は技術進歩率**（全要素生産性の成長率），**$\Delta K / K$ は資本増加率**，**$\Delta L / L$ は労働増加率**（人口成長率）ですので，

　経済成長率=技術成長率（全要素生産性の成長率）+$\alpha$×資本増加率+$(1-\alpha)$×労働増加率

となり，**成長会計の公式**が得られます.

　なお，式(17.1)は，

$$\frac{\Delta Y}{Y} - \frac{\Delta L}{L} = 1 \times \frac{\Delta A}{A} + \alpha \times \frac{\Delta K}{K} - \alpha \times \frac{\Delta L}{L} = \frac{\Delta A}{A} + \alpha\left(\frac{\Delta K}{K} - \frac{\Delta L}{L}\right)$$

のように「労働者一人あたりの経済成長」を表す式に変形でき，$y = Y/L$ （労働者一人あたりの産出量），$k = K/L$ （労働者一人あたりの資本ストック：資本労働比率）とすれば，

$$\frac{\Delta y}{y} = \frac{\Delta A}{A} + \alpha\frac{\Delta k}{k} \tag{17.2}$$

のように表示できます.

　なお，式(17.2)は，

---

2)　「資本」の経済用語として英語の「Capital」を使用したいのですが，$C$ は経済学で消費や現金などいろいろなものに使われていることから，ドイツ語で「資本」を意味する「Kapital」が使われるようになったようです.

$$y = \frac{Y}{L} \text{ の変化率が } \frac{\Delta y}{y} = \frac{\Delta Y}{Y} - \frac{\Delta L}{L}$$

$$k = \frac{K}{L} \text{ の変化率が } \frac{\Delta k}{k} = \frac{\Delta K}{K} - \frac{\Delta L}{L}$$

であることを知っていれば理解できると思います.

## ●ハロッド＝ドーマー・モデル（ケインズ派）

**ハロッド＝ドーマー・モデル**とは，経済成長（国民所得の増加）を分析するモデルで，財を生産する際に，資本 $K$ と労働 $L$ という 2 つの生産要素をどのように組合せれば国民所得が増加するかを分析するモデルです.

## ●レオンチェフ型生産関数

ハロッド＝ドーマー・モデルの労働 $L$ と資本 $K$ をそれぞれ投入した場合の生産量の関係は，以下の**レオンチェフ型生産関数**という関数で表すことができます.

$$Y = \min\{L, K\}$$

上式は，労働 $L$ と資本 $K$ のうち，小さい方に合わせて国民所得 $Y$ が決まることを意味しています.

## ●ソロー＝スワンモデル

**ソロー＝スワンモデル**は新古典派の成長経済理論で，ハロッド＝ドーマ・モデルと異なり，資本と労働との間に代替関係があり，資本レンタル料（利子率）が高いときには，相対的に安い労働力を利用し，賃金率（時給）が高いときは資本を多く利用するというものです.

この理論では，$y$ を労働者 1 人あたりの所得（生産），$k$ を 1 人あたりの**資本装備率（資本労働比率）**とすれば，

$$\boldsymbol{y} = \frac{\boldsymbol{GDP}（国民総生産）}{労働力} = \frac{\boldsymbol{Y}}{\boldsymbol{L}}, \quad \boldsymbol{k} = \frac{資本}{労働力} = \frac{\boldsymbol{K}}{\boldsymbol{L}}$$

また，$n$ を人口増加率，$s$ を貯蓄率とすれば，

労働力の増加分は $\Delta L = nL$，資本の増加分は $\Delta K = sY$

となります. したがって，**資本の成長率 $\boldsymbol{\Delta K / K}$** は，

$$\frac{\boldsymbol{\Delta K}}{\boldsymbol{K}} = \frac{\boldsymbol{sY}}{\boldsymbol{kL}} = \frac{\boldsymbol{sy}}{\boldsymbol{k}} \qquad (\because K = kL) \tag{17.3}$$

と表されます.

式(17.3)において，**人口増加率 $n$** だけを考慮した場合，

$$\boldsymbol{n} = \frac{\boldsymbol{sy}}{\boldsymbol{k}} \tag{17.4}$$

となります. また，**資本消耗率 $\boldsymbol{d}$** も考慮した場合には，

$$n = \frac{sy}{k} - d \tag{17.5}$$

と表すことができます.

## ●資本係数

**資本係数** $v$（$v$ はニューと読みます）とは，**ある生産を行うのにどれだけの資本投入量が必要になるか**というもので，次式で求めることがきます.

$$資本係数\,v = \frac{資本ストック投入量K}{生産量Y} \tag{17.6}$$

たとえば，100 億円分の生産量に対して，20 億円分の資本ストックを投入する必要がある場合には，資本係数 $v = 20/100 = 0.2$ となります. ハロッド＝ドーマー・モデルでは，生産量が変化してもこの資本係数 $v$ は一定（固定的な資本係数）と仮定し，これを**必要資本係数**といいます. それゆえ，生産量を 200 億円分にしたい場合，資本係数が 0.2 なので必要な資本ストック量は 40 億円分となります.

## ●保証成長率 $G_w$（Warranted Rate of Growth）

**財市場**が均衡しているとき，投資 $I$ と貯蓄 $S$ が等しくなりますが，この時の経済成長率を**保証成長率** $G_w$（Warranted Rate of Growth）といいます. 保証成長率 $G_w$ を達成する条件は，貯蓄率 $s$ と資本係数 $v$ を用いて

$$G_w = \frac{s}{v} \quad {}^{3)} \tag{17.7}$$

のように表すことができます.

## ●自然成長率 $G_n$（Natural Rate of Growth）

**自然成長率**とは，経済が成長するときの程度を示す指数のことであり，労働力人口の伸び率に労働生産性上昇率（技術成長にともなう成長率）を加えた次式で表されます.

$$自然成長率＝労働力人口の伸び率＋労働生産性上昇率 \tag{17.8}$$

なお，自然成長率は，ひとつの国の経済成長率に対する実力を示すものとされています.

## ●資本の黄金律水準

一定の成長率で進む経済成長において，定常状態における一人あたりの消費を最大にするような資本の水準を**資本の黄金律水準**といいます. 黄金律水準では，

$$資本の限界生産力＝自然成長率（労働増加率）$$

の関係が成立します.

---

3) 「生産に必要な資金を貯蓄して，それを資本として使う」とイメージして下さい.

●最適成長（均斉成長）

　最適成長（均斉成長，均衡成長）とは，保証成長率 $G_w$ と自然成長率 $G_n$ が一致している状態（$G_w = G_n$）を指しますが，**ハロッド＝ドーマー・モデル（ケインズ派）**では，結論として，保証成長率 $G_w$ と自然成長率 $G_n$ が一致する「最適成長は実現しにくい」ことを表しています．これに対して，「新古典派は均斉成長を実現できる」と考えています．

---

【問題 17.1（ハロッド＝ドーマー型成長理論）（均斉成長）】ハロッド＝ドーマー型成長理論を考えます．生産関数は固定係数型であり，限界消費性向が 0.7，資本係数が 5，労働生産性の上昇率が 0.02 であるとします．

　この経済において，解答群の記述について妥当なものを選びなさい．ただし，資本減耗率は 0 であるとします．

1. 保証成長率は 0.6 である．
2. 均斉成長経路における成長率は 0.04 である．
3. 労働力の増加率が 0.01 であるとき，自然成長率が保証成長率を上回っている．
4. 労働力の増加率が 0.03 であるとき，保証成長率が自然成長率を上回っている．
5. 労働力の増加率が 0.05 であるとき，均斉成長経路にある．

（国家公務員一般職試験　行政職）

---

【解答】以下に解説したように，正しい選択肢は 4 となります．

選択肢 1：×

　限界消費性向が 0.7（所得が増えた時に消費に回る割合が 0.7）なので，所得が増えた場合，貯蓄に回る割合 $s$ は，

$$s = 1 - 0.7 = 0.3$$

となります．資本係数 $v$ は問題文から $v = 5$ ですので，**保証成長率 $G_w$** は，

$$G_w = \frac{s}{v} = \frac{0.3}{5} = 0.06$$

となり，この記述は誤となります．

選択肢 2：×

　**均斉成長**においては，実際の成長率を $G$ とすると $G = G_w = G_n$ が成り立ちます．$G_w = 0.06$ なので，**自然成長率 $G_n$** は $G_n = 0.06$ で 0.04 ではありません．したがって，この記述は誤となります．

選択肢 3：×

　自然成長率は，労働力人口の伸び率に労働生産性上昇率を加えたものですので，**自然成長**

率 $G_n$ は $G_n = 0.01 + 0.02 = 0.03$ となります。一方、保証成長率 $G_w$ は $G_w = 0.06$ なので、$G_n < G_w$ となり、自然成長率が保証成長率を上回っていません。よって、この記述は誤となります。

選択肢 4：○

**自然成長率 $G_n$ は $G_n = 0.03 + 0.02 = 0.05$ となります。**一方、保証成長率 $G_w$ は $G_w = 0.06$ なので $G_n < G_w$ となり、保証成長率 $G_w$ が自然成長率 $G_n$ を上回っています。よって、この記述は正となります。

選択肢 5：×

均斉成長であれば、自然成長率 $G_n$ は $G_n = 0.06$ です。労働生産性の上昇率が $0.02$ なので、労働力の増加率は $0.06 - 0.02 = 0.04$ となりますが、この値は $0.05$ と異なります。よって、この記述は誤となります。

---

**【問題 17.2（ハロッド＝ドーマー型経済成長理論）】** ハロッド＝ドーマー型経済成長理論に関する記述として、妥当なものを解答群から選びなさい。ただし、貯蓄率の値は 0.1、必要資本係数の値は 2 とします。

1. 労働の完全雇用と資本の完全利用を同時に実現する均斉成長の状態は、安定的に持続する。
2. 資本の完全利用を保証する成長率を保証成長率といい、その値は 0.2 である。
3. 労働の完全雇用を実現する成長率を自然成長率といい、その値が 0.06 のとき、均斉成長が実現する。
4. 均斉成長の状態で、技術進歩率の値が 0.02 である場合の労働人口の増加率の値は 0.03 である。
5. 均斉成長の状態でなく、労働人口の増加率の値が 0.03、技術進歩率の値が 0.04 である場合の自然成長率の値は、保証成長率の値を下回る。

（東京都特別区職員 I 類採用試験）

**【解答】** 以下に解説したように、正しい選択肢は 4 となります。

選択肢 1：×

ハロッド＝ドーマー・モデル（ケインズ派）では、結論として、保証成長率 $G_w$ と自然成長率 $G_n$ が一致する「均斉成長（最適成長）は実現しにくい」ことを表しています。それゆえ、「均斉成長の状態は、安定的に持続しない」なら正しいといえます。

選択肢 2：×

**保証成長率 $G_w$ は、**

$$G_w = \frac{貯蓄率 s}{資本係数 v} = \frac{0.1}{2} = 0.05$$

であり，0.2 ではありません．

選択肢3：×

　均斉成長（最適成長，均衡成長）では，

$$保証成長率 G_w ＝自然成長率 G_n$$

です．選択肢2で求めたように，均斉成長時には，

$$保証成長率 G_w ＝自然成長率 G_n ＝0.05$$

であり，自然成長率 $G_n$ が 0.06 では均斉成長は実現しません．

選択肢4：○

　自然成長率は，経済が成長するときの程度を示す指数のことで，

　自然成長率＝労働力人口の伸び率＋技術成長にともなう成長率（労働力人口の伸び率）

と表されます．均斉成長の状態では，自然成長率＝0.05 なので，

$$0.05＝労働力人口の伸び率 +0.02 \quad \therefore 労働力人口の伸び率＝0.03$$

それゆえ，この選択肢は正しいといえます．

選択肢5：×

　自然成長率＝労働力人口の伸び率+技術成長にともなう成長率（労働力人口の伸び率）
　　　　　　　＝0.03+0.04＝0.07

この値は保証成長率である 0.05 よりも上回っており，下回ってはいません．

---

**【問題 17.3（ソロー＝スワンモデル）（資本労働比率）】** ソロー＝スワンモデルにおいて，コブ・ダグラス型の生産関数が

$$Y_t = K_t^{0.5} L_t^{0.5}$$

であるとします．ただし，$K_t$ は $t$ 期の資本ストック，$L_t$ は $t$ 期の労働量，$Y_t$ は $t$ 期の産出量です．また，労働量の成長率が 5 ％で貯蓄率が 0.3 であるとします．

　さらに，資本減耗や技術進歩がないと仮定するとき，定常状態における労働量 1 単位あたり資本の大きさ（資本労働比率）を解答群から選びなさい．

1.　4　　　　2.　16　　　　3.　25　　　　4.　36　　　　5.　49

（国家公務員一般職試験　行政職）

---

**【解答】** 資本労働比率 $k$ は，

$$k = \frac{資本}{労働力} = \frac{K}{L}$$

　一方，**資本の成長率 $\Delta K / K$** は，

$$\frac{\Delta K}{K} = \frac{sY}{kL} = \frac{sy}{k}$$

ここで，資本減耗や技術進歩がないと仮定するとき，**定常状態**における資本の成長率 $\Delta K / K$ は労働の成長率と等しく 0.05 と置くことができます．また，貯蓄率が 0.3 なので $s = 0.3$ とすれば，

$$0.05 = \frac{sY}{kL} = \frac{sy}{k} \quad \therefore 0.05 = \frac{sY/L}{k} = \frac{0.3Y/L}{k} = 0.3\frac{Y/L}{K/L} \tag{1}$$

与えられた式の両辺を $L$ で割れば，

$$\frac{Y}{L} = K^{0.5}L^{-0.5} = \left(\frac{K}{L}\right)^{0.5} \tag{2}$$

式(1)と式(2)から $Y/L$ を消去すれば，

$$\frac{1}{6} = \frac{\left(\frac{K}{L}\right)^{0.5}}{\left(\frac{K}{L}\right)} = k^{-0.5} \quad \therefore k^{-1} = \frac{1}{k} = \frac{1}{36}$$

したがって，資本労働比率 $k$ は $k = 36$ となり，正しい選択肢は 4 となります．

---

**【問題 17.4（新古典派成長モデル）（資本・労働比率）】**新古典派成長モデルの枠組みで考えます．ある経済のマクロ生産関数が，

$$Y_t = AK_t^{\alpha}L_t^{1-\alpha}$$

で与えられているとします．ただし，$Y_t$，$K_t$，$L_t$ は，それぞれ $t$ 期における産出量，資本ストック，労働人口であり，$A$ と $\alpha$ は定数です．ここで，労働人口は時間を通じて一定で，$L_{t+1} = L_t \equiv L$（$\equiv$ は同値を表す）であるとします．

一方，$t$ 期の粗投資を $I_t$，資本減耗率を $d$ としたとき，資本ストックの大きさは，投資によって，

$$K_{t+1} = K_t - dK_t + I_t$$

で増加するものとします．また，各期における財市場は均衡しており，貯蓄率を $s$ とおくと $I_t = sY_t$ となります．

いま，生産関数の係数 $A = 0.8$，$\alpha = 1/3$，資本減耗率 $d = 0.04$，貯蓄率 $s = 0.2$ であるとします．このとき，資本・労働比率 $K_t/L_t$ は，時間の経過とともに収束する値を選択肢から選びなさい．ただし，初期の資本ストックと労働人口は共に正の値であるとします．

  1.　1   2.　8   3.　27   4.　64   5.　125

（国家公務員一般職試験　行政職）

【解答】この問題は新古典派のソロー＝スワンモデルのことを知らなくても，問題の意味さえ理解できれば解くことができます．すなわち，

$$K_{t+1} = K_t - dK_t + I_t \quad \therefore K_{t+1} - K_t = I_t - dK_t \tag{1}$$

式(1)の両辺を$K_t$で割れば，

$$\frac{K_{t+1} - K_t}{K_t} = \frac{\Delta K}{K} = \frac{I}{K} - d = \frac{sY/L}{K/L} - d = \frac{sy}{k} - d \quad (\because I = sY)$$

ここに，$s$：貯蓄率，$y$：1人あたり生産（$Y/L$），$k$：1人あたり資本（$K/L$）

労働人口は時間を通じて一定（ソロー＝スワンモデルの定常状態）なので，$\Delta K/K$は0になります．よって，

$$\frac{sy}{k} = d \quad \therefore \frac{s \times Y/L}{K/L} = d \tag{2}$$

上式に資本減耗率$d = 0.04$，貯蓄率$s = 0.2$を代入すれば

$$\frac{0.2 \times Y/L}{K/L} = 0.04 \tag{3}$$

一方，$Y_t = AK_t^{\alpha} L_t^{1-\alpha}$の下添え字を削除した式に，$A = 0.8$，$\alpha = 1/3$を代入すれば，

$$Y = 0.8K^{1/3}L^{2/3}$$

両辺を$L$で割って整理すれば，

$$\frac{Y}{L} = 0.8\left(\frac{K}{L}\right)^{\frac{1}{3}} \tag{4}$$

式(3)と式(4)から$Y/L$を消去すれば，

$$\frac{0.04\left(\frac{K}{L}\right)}{0.2} = 0.8\left(\frac{K}{L}\right)^{\frac{1}{3}} \Rightarrow \left(\frac{K}{L}\right)^{\frac{2}{3}} = 4 \quad \therefore \frac{K}{L} = \left(2^2\right)^{\frac{3}{2}} = 8$$

したがって，正しい選択肢は 2 となります．

【補足】労働人口は時間を通じて一定（ソロー＝スワンモデルの定常状態）なので，式(17.5)において，人口増加率$n$を$n = 0$とすれば，式(2)に示した，

$$\frac{sy}{k} = d$$

の関係式が得られます．

【**問題 17.5（ソローの新古典派成長論）（資本・労働比率）**】ソローの新古典派成長論の枠組みで考えます．マクロ生産関数は以下のように示されます．

$$Y_t = 4\sqrt{K_t L_t}$$

（$Y_t$：$t$ 期の産出量，$K_t$：$t$ 期の資本ストック，$L_t$：$t$ 期の労働人口）
労働人口は時間を通じて一定の率で増加し，以下の式で示されます．

$$\frac{L_{t+1}}{L_t} = 1 + n \quad （n：労働人口成長率）$$

一方，資本ストックは，以下の式で示されます．

$$K_{t+1} = K_t - dK_t + sY_t$$

（$d$：資本消耗率，$s$：貯蓄率）

また，労働人口成長率が 0.02，資本減耗率が 0.04，貯蓄率が 0.12 で，それぞれ一定であるとします．

このとき資本・労働比率 $K_t/L_t$ が時間の経過とともに収束していく値を解答群から選びなさい．ただし，資本ストックと労働人口の初期値は正であるとします．

1. 16　　　2. 32　　　3. 64　　　4. 128　　　5. 256

（国家公務員一般職試験　行政職）

【**解答**】ソロー＝スワンモデルでは，$s$ を貯蓄率，$y$ を 1 人あたり生産 $Y/L$，$k$ を 1 人あたり資本 $K/L$，$d$ を資本消耗率，$n$ を労働人口成長率とすれば，定常状態では，

$$n = \frac{sy}{k} - d \quad \rightarrow \quad n + d = \frac{sy}{k} \tag{1}$$

が成り立ちます．式(1)に，$d = 0.04$，$n = 0.02$，$s = 0.12$ を代入すれば，

$$0.04 + 0.02 = 0.12\frac{Y/L}{K/L} \quad \therefore 0.06 = 0.12\frac{Y/L}{K/L} \tag{2}$$

となります．

問題で与えられた

$$Y_t = 4\sqrt{K_t L_t}$$

は，

$$Y_t = 4K_t^{\frac{1}{2}}L_t^{\frac{1}{2}}$$

と変形でき，両辺を $L_t$ で割れば，

$$\frac{Y_t}{L_t} = \frac{4K_t^{\frac{1}{2}}L_t^{\frac{1}{2}}}{L_t} = 4K_t^{\frac{1}{2}}L_t^{-\frac{1}{2}} = 4\left(\frac{K_t}{L_t}\right)^{\frac{1}{2}} \tag{3}$$

式(2)の生産 $Y/L$，資本 $K/L$ に添え字 $t$ をつけて表示すると，

$$\frac{Y_t}{L_t} = \frac{0.06}{0.12} \times \left(\frac{K_t}{L_t}\right) \tag{4}$$

式(3)と式(4)から，

$$4\left(\frac{K_t}{L_t}\right)^{\frac{1}{2}} = \frac{0.06}{0.12} \times \left(\frac{K_t}{L_t}\right) \quad \text{整理して，} \quad \frac{1}{\sqrt{\frac{K_t}{L_t}}} = \frac{1}{8}$$

したがって，

$$\frac{K_t}{L_t} = 64$$

となり，正しい選択肢は 3 となります．

---

**【問題 17.6 （ソローモデル）（消費を最大にする貯蓄率）】** ソローモデルの枠組みで考えます．$t$ 期の産出量を $Y_t$，資本ストックを $K_t$，労働人口を $L_t$ とすると，マクロ的生産関数が以下のように示されます．

$$Y_t = 0.2 K_t^{\frac{1}{2}} L_t^{\frac{1}{2}}$$

また，労働人口は 0.05 の成長率で増加します．一方，資本ストックは $t$ 期の投資を $I_t$ とすると，以下のように示されます．

$$K_{t+1} = K_t + I_t$$

なお，資本減耗率はゼロとします．いま，貯蓄率を $s$ とすると，$t$ 期の投資 $I_t$ は以下のように示されます．

$$I_t = sY_t \quad (s > 0)$$

また，$t$ 期の消費 $C_t$ は以下のように示されます．

$$C_t = (1-s)Y_t$$

このとき，定常状態の労働人口 1 人あたりの消費を最大にする貯蓄率 $s$ の値を解答群から選びなさい．

    1.　0.05 　　　 2.　0.1 　　　 3.　0.2 　　　 4.　0.5 　　　 5.　0.8

（国家公務員一般職試験　行政職）

**【解答】** ソローモデルなので，**資本労働比率 $k$ は**，

$$k = \frac{資本}{労働力} = \frac{K}{L}$$

となります. 添え字 $t$ を削除して考えると,

**資本の限界生産量**は,

$$\frac{dY}{dK} = 0.2 \times \frac{1}{2} K^{-\frac{1}{2}} L^{\frac{1}{2}} = 0.1 K^{-\frac{1}{2}} L^{\frac{1}{2}} = 0.1 \left(\frac{L}{K}\right)^{\frac{1}{2}} = 0.1 \left(\frac{K}{L}\right)^{-\frac{1}{2}} = 0.1 k^{-\frac{1}{2}} \tag{1}$$

定常状態における一人あたりの消費を最大にするような資本の水準を**資本の黄金律水準**といい, 黄金律水準では,

**資本の限界生産力＝自然成長率（労働増加率）**

の関係が成立します. それゆえ, 式(1)を労働人口の増加率 0.05 に等しいと置けば,

$$0.1 k^{-0.5} = 0.05 \quad \therefore k = 4 \tag{2}$$

**ソローモデルの定常状態**では, 資本消耗率がゼロで, 人口増加率 $n$ だけを考慮した場合,

$$n = \frac{sy}{k}$$

となります. ここで, 1 人あたりの所得（生産）$y$ は,

$$y = \frac{Y}{L} = \frac{0.2 K^{\frac{1}{2}} L^{\frac{1}{2}}}{L} = 0.2 K^{\frac{1}{2}} L^{-\frac{1}{2}} = 0.2 \left(\frac{K}{L}\right)^{\frac{1}{2}} = 0.2 k^{\frac{1}{2}} \tag{3}$$

なので,

$$n = \frac{sy}{k} = \frac{s \times 0.2 k^{0.5}}{k} = 0.05 \tag{4}$$

式(4)に式(2)を代入すれば,

$$\frac{s \times 0.2 k^{0.5}}{k} = \frac{s \times 0.2 \times (2^2)^{0.5}}{4} = 0.1 s = 0.05 \quad \therefore s = 0.5$$

したがって, 正しい選択肢は 4 となります.

---

【**問題 17.7**（コブ・ダグラス型生産関数）（資本ストックの成長率）】次の式は, 実質 GDP を $Y$, 全要素生産性を $A$, 資本ストックを $K$, 労働投入量を $L$ として, コブ・ダグラス型生産関数で表したものです.

$$Y = AK^{0.4} L^{0.6}$$

実質 GDP の成長率が 8％, 全要素生産性の成長率が 4％, 労働投入量の成長率が 2％ であるとき, 資本ストックの成長率の値を解答群から求めなさい.

    1. 6％      2. 7％      3. 8％      4. 9％      5. 10％

（東京都特別区職員 I 類採用試験）

【解答】$Y = AK^{0.4}L^{0.6}$ の変化率の式は，

$$\frac{\Delta Y}{Y} = \frac{\Delta A}{A} + 0.4\frac{\Delta K}{K} + 0.6\frac{\Delta L}{L} \tag{1}$$

です．GDP の実質成長率すなわち $Y$ の成長率 $\frac{\Delta Y}{Y} = 8\%$，全要素生産性の成長率 $\frac{\Delta A}{A} = 4\%$，

労働投入量の成長率 $\frac{\Delta L}{L} = 2\%$ を式(1)に代入すれば，

$$8 = 4 + 0.4\frac{\Delta K}{K} + 0.6 \times 2 \quad \therefore \frac{\Delta K}{K} = 7\%$$

したがって，正しい選択肢は 2 となります．

---

【問題 17.8（資本ストック量の増加率）（労働投入量の増加率）】ある経済の生産関数が
$$Y = AK^{0.25}L^{0.75}$$

　　ここに，$Y$：生産量，$A$：全要素生産性，$K$：資本ストック量，$L$：労働投入量
で示されるとします．この経済における経済成長率（生産量の増加率）が 4%，全要素生産性の増加率が 1%であるとき，(a) 労働者一人あたり資本ストック量の増加率，および (b) 労働投入量の増加率の組合せとして妥当なものを選択肢から選びなさい．

|    | (a) | (b) |
|----|-----|------|
| 1. | 1 % | 1.5 % |
| 2. | 2 % | 1.75 % |
| 3. | 2 % | 2.0 % |
| 4. | 3 % | 2.25 % |
| 5. | 3 % | 2.5 % |

（国家公務員一般職試験　行政職）

【解答】コブ・ダグラス型の生産関数である
$$Y = AK^{\alpha}L^{1-\alpha}, \quad 0<\alpha<1$$

　　ここに，$A$は生産技術の水準を表し，全要素生産性（あるいはソロー残差）が与えられた場合，**成長会計の公式**は，変化率の式である

$$\frac{\Delta Y}{Y} = 1 \times \frac{\Delta A}{A} + \alpha \times \frac{\Delta K}{K} + (1-\alpha) \times \frac{\Delta L}{L} \tag{1}$$

ここに，$\Delta Y/Y$：経済成長率，$\Delta A/A$：技術進歩率（全要素生産性の成長率），
　　　$\Delta K/K$：資本増加率，$\Delta L/L$：労働増加率（人口成長率）

となります.

　経済成長率（生産量の増加率）が 4%，全要素生産性の増加率が 1%ですので,

$$4 = 1 + 0.25 \times \frac{\Delta K}{K} + 0.75 \times \frac{\Delta L}{L} \tag{2}$$

両辺を 4 倍すれば,

$$12 = \frac{\Delta K}{K} + 3 \times \frac{\Delta L}{L}$$

両辺から $4\frac{\Delta L}{L}$ を引いて整理すると,

$$\frac{\Delta K}{K} - \frac{\Delta L}{L} = 12 - 4\frac{\Delta L}{L} \tag{3}$$

$$\left( 左辺の \frac{\Delta K}{K} - \frac{\Delta L}{L} が労働者一人あたりの資本ストックの増加率 \right)^{4)}$$

$$\left( 右辺の \frac{\Delta L}{L} が労働投入量の増加率 \right)$$

となります. 条件式は式(3)の一つだけで, この式には未知数が二つありますので, 解答群の答えを利用することを考えます.

　選択肢 1：左辺=1,　右辺 $= 12 - 4 \times 1.5 = 6$　左辺≠右辺 なので×

　選択肢 2：左辺=2,　右辺 $= 12 - 4 \times 1.75 = 5$　左辺≠右辺 なので×

　選択肢 3：左辺=2,　右辺 $= 12 - 4 \times 2 = 4$　　左辺≠右辺 なので×

　選択肢 4：左辺=3,　右辺 $= 12 - 4 \times 2.25 = 3$　左辺＝右辺 なので○

　選択肢 5：左辺=3,　右辺 $= 12 - 4 \times 2.5 = 2$　左辺≠右辺 なので×

　したがって, 正しい選択肢は 4 となります.

　なお, 選択肢の上に記載している(a)は $\frac{\Delta K}{K} - \frac{\Delta L}{L}$, (b)は $\frac{\Delta L}{L}$ を表していますので, (a)+(b) は $\frac{\Delta K}{K}$ となります. それゆえ, 式(2)において, 選択肢 4 の(b) $= \frac{\Delta L}{L} = 2.25$ と(a)+(b)で求まる $\frac{\Delta K}{K} = 3 + 2.25 = 5.25$ を代入すれば,

$$4 = 1 + 0.25 \times 5.25 + 0.75 \times 2.25$$

となりますので, 選択肢 4 が正しいことがわかります.

---

4)　$k = \frac{K}{L}$ とします. $\Delta k = \Delta\left(\frac{K}{L}\right) = \frac{K + \Delta K}{L + \Delta L} - \frac{K}{L}$ ですので, これを $\frac{\Delta k}{k} = \frac{\Delta\left(\frac{K}{L}\right)}{\frac{K}{L}}$ に代入して式を展開すると,

$\frac{\Delta k}{k} = \frac{\Delta\left(\frac{K}{L}\right)}{\frac{K}{L}} \fallingdotseq \frac{\Delta K}{K} - \frac{\Delta L}{L}$ となり, **$\frac{\Delta K}{K} - \frac{\Delta L}{L}$** が労働者一人あたり資本ストック量の増加率になります.

---

**【問題 17.9（経済成長率）】**経済成長理論を考えます．$t$ 期における，産出量を $Y_t$，資本の生産性を $A$，資本ストックを $K_t$ とするとき，マクロ生産関数が

$$Y_t = AK_t$$

で与えられています．ここでの資本ストックは物理的な資本だけでなく，人的資本なども含むものとします．$t+1$ 期の資本ストック $K_{t+1}$ は，資本減耗率を $d$，投資を $I_t$ とするとき，以下の式で示されます．

$$K_{t+1} = (1-d)K_t + I_t$$

また，平均消費性向が $a$ である $t$ 期の消費関数 $C_t$ が以下の式で示されます．

$$C_t = aY_t$$

さらに，毎期，財市場の需給が均衡し，

$$Y_t = C_t + I_t$$

が成立しています．いま，資本の生産性 $A$ は 0.4，資本減耗率 $d$ は 0.1，平均消費性向 $a$ は 0.6 であり，それぞれ一定とします．このとき，経済成長率

$$\left( \frac{Y_{t+1}}{Y_t} - 1 \right)$$

を解答群から選びなさい．

  1. 0%  2. 2%  3. 4%  4. 6%  5. 10%

（国家公務員一般職試験 行政職）

---

**【解答】**経済学の知識がなくても，この問題は $Y_t$ と $Y_{t+1}$ をうまく求めることができれば（$Y_t$ と $Y_{t+1}$ 以外をうまく消去できれば），解答が得られます．それゆえ，**計算の仕方を把握することが大切です．**

$A = 0.4$ を

$$Y_t = AK_t$$

に代入すれば，

$$Y_t = AK_t = 0.4K_t \quad \rightarrow \quad 2.5Y_t = K_t \tag{1}$$

式(1)において，$t$ を $t+1$ に置き換えれば，

$$Y_{t+1} = AK_{t+1} = 0.4K_{t+1} \quad \rightarrow \quad 2.5Y_{t+1} = K_{t+1} \tag{2}$$

$t+1$ 期の資本ストック $K_{t+1}$ は，

$$K_{t+1} = (1-d)K_t + I_t = (1-0.1)K_t + I_t = 0.9K_t + I_t \tag{3}$$

式(1)の $K_t$ と式(2)の $K_{t+1}$ を式(3)に代入すれば，

$$2.5Y_{t+1} = 0.9 \times 2.5Y_t + I_t \tag{4}$$

ここで，$I_t$ を消去することを考えます．

$$Y_t = C_t + I_t$$

は，

$$Y_t = C_t + I_t = aY_t + I_t \;\rightarrow\; I_t = Y_t - 0.6Y_t = 0.4Y_t \tag{5}$$

式(5)の $I_t$ を式(4)に代入すれば，

$$2.5Y_{t+1} = 0.9 \times 2.5Y_t + 0.4Y_t = 2.65Y_t \;\rightarrow\; \frac{Y_{t+1}}{Y_t} = \frac{2.65}{2.5} = \frac{53}{50}$$

したがって，

$$\left( \frac{Y_{t+1}}{Y_t} - 1 \right) = \frac{53}{50} - \frac{50}{50} = \frac{3}{50} = 0.06 = 6\%$$

となり，正しい選択肢は 4 になります．

# 付　　録

# 一般的に用いられる経済記号

| 記号 | 意味 | 英表記（略字の意味） |
|---|---|---|
| $C$ | 消費 | Consumption |
| $D$ | 預金 | Deposit |
| $D$ | 需要量 | Demand |
| $G$ | 政府支出 | Government Expenditure |
| $H$ | ハイパワード・マネー | High-powered money |
| $I$ | 投資 | Investment |
| $i$ | 名目利子率 | Interest |
| $K$ | 資本設備 | Kapital（ドイツ語） |
| $L$ | 労働力（量） | Labor |
| $L$ | 流動性 | Liquidity |
| $P$ | 価格 | Price |
| $P$ | 物価水準 | Price |
| $R$ | 準備預金 | Reserve |
| $r$（小文字） | 利子率 | rate |
| $S$ | 貯蓄 | Saving |
| $T$ | 租税 | Tax |
| $U$ | 効用関数 | Utility |
| $W$ | 賃金 | Wage |
| $w$（小文字） | 実質賃金 | wage |
| $Y$ | GDP | Yield（収穫） |
| $Y$ | 生産，支出，所得 | Yield |
| $\pi$ | インフレ率 | |
| $MC$ | 限界費用 | Marginal Cost |
| $MR$ | 限界収入 | Marginal Revenue |
| $TC$ | 総費用 | Total Cast |
| $EX$ | 輸出 | Export |
| $IM$ | 輸入 | Import |
| $GDP$ | 国内総生産 | Gross Domestic Product |
| $GNP$ | 国民総生産 | Gross National Product |
| $MPL$ | 労働の限界生産性 | Marginal Product of Labor |
| $MRS$ | 限界代替率 | Marginal Rate of Substitution |

# 索　引

■著者紹介

米田　昌弘　（よねだ・まさひろ）

| | |
|---|---|
| 1978 年 3 月 | 金沢大学工学部土木工学科卒業 |
| 1980 年 3 月 | 金沢大学大学院修士課程修了 |
| 1980 年 4 月 | 川田工業株式会社入社 |
| 1989 年 4 月 | 川田工業株式会社技術本部振動研究室 室長 |
| 1995 年 4 月 | 川田工業株式会社技術本部研究室 室長兼大阪分室長 |
| 1997 年 4 月 | 近畿大学理工学部土木工学科 助教授 |
| 2002 年 4 月 | 近畿大学理工学部社会環境工学科 教授 |
| 2021 年 3 月 | 近畿大学 定年退職 |
| 2021 年 4 月 | 近畿大学 名誉教授 |
| | 近畿大学キャリアセンター（キャリアアドバイザー） |
| 2022 年 9 月 | 摂南大学理工学部都市環境工学科 特任教授 |
| | （工学博士（東京大学），技術士（建設部門）， |
| | 特別上級土木技術者（鋼・コンクリート）） |

行政職公務員試験　専門問題と解答　マクロ経済学編

2023 年 2 月 15 日　初　版第 1 刷発行

■著　　　者──米田昌弘
■発 行 者──佐藤　守
■発 行 所──株式会社 大学教育出版
　　　　　　　〒 700-0953　岡山市南区西市 855-4
　　　　　　　電話（086）244-1268㈹　FAX（086）246-0294
■印刷製本──モリモト印刷㈱

ISBN978－4－86692－242－3